معجم
مصطلحات الفلسفة

معجم
مصطلحات الفلسفة

الدكتور
توفيق عزيز عبد الـلـه البزاز
استاذ علم اللغة المساعد
قسم اللغة الفرنسية
كلية الآداب / جامعة الموصل

الدكتور
كيورك مرزينا كرومي أل قابو
أستاذ الفلسفة المساعد
قسم الفلسفة
كلية الآداب / جامعة الموصل

Dictionnaire

des termes de la philosophie

Par

Dr.
Tawfik Aziz Abdullah Al-Bazaz

Dr.
Kewark Marzena Karomy Al-Gapo

الطبعة الأولى

١٤٣١هـ-٢٠١٠م

المملكة الأردنية الهاشمية

رقم الإيداع لدى دائرة المكتبة

الوطنية

(٢٠١٠/٣/٧٩٤)

١٠٣

البزاز، توفيق عزيز عبد الله

معجم مصطلحات علم الفلسفة/توفيق عزيز عبد الله البزاز، كيورك مرزينا كرومي آل قابو.-

عمان: دار زهران للنشر والتوزيع، ٢٠١٠.

(   ) ص.

ر.أ. : (٢٠١٠/٣/٧٩٤)

الواصفات: الفلسفة //معاجم المصطلحات/

أعدت دائرة المكتبة الوطنية بيانات الفهرسة والتصنيف الأولية.

يتحمل المؤلف كامل المسؤولية القانونية عن محتوى مصنفه ولا يعبر هذا المصنف عن رأي دائرة المكتبة الوطنية أو أي جهة حكومية أخرى.

المتخصصون في الكتاب الجامعي الأكاديمي العربي والأجنبي

دار زهران للنشر والتوزيع

تلفاكس : ٥٣٣١٢٨٩ - ٦ - ٩٦٢+، ص.ب ١١٧٠ عمان ١١٩٤١ الأردن

E-mail : Zahran.publishers@gmail.com

www.darzahran.net

بسم اللـه الرحمن الرحيم

الحمد لله تعالى وبه نستعين دائماً ، نحمده ان جعلنا راغبين في خدمة العلم، وبعد:

يتضمن هذا المعجم مصطلحات الفلسفة في اللغات الفرنسية والانكليزية والعربية. وقد استندنا في حصرها على معجم الدكتور عبدالمنعم الحنفيي ، الذي استند هو الآخر على المراجع العربية الكبرى مثل : التهانوي والجرجاني وأبي البقاء وغيرهم، كما رجع كثيراً الى المعاجم الفرنسية لالاند **"Vocabulaire et critique de la philosophique "** 1968 و فوكييه **"Dictionnaire de la langue philosophique "** 1969 و قاموس الفلسفة وعلم النفس **"Dictionary of philosophy and psychology "** لمارك بولدوين ، كما استعان في معجمه بكثير من المراجع الاجنبية السوفيتانية والالمانية والفارسية . كما استعنا في عمل معجمنا هذا بمصطلحات الفلسفة من تاليف ابي العلا عفيفي وزكي نجيب محمود وعبدالرحمن بدوي ومحمد ثابت الفندي . وقد حاولنا تجنب الاخطاء والتباس المعاني التي وردت في هذه المؤلفات ولكن يجب ان لا ننسى فضلهم علينا في انجاز هذا المعجم فإن وفقنا فيه فذلك فضل من اللـه تعالى وان اخطأنا في اعطاء المعنى الدقيق للقارئ في بعض الاحيان ، فنطلب المعذرة ، لان أي عمل لايخلو من عيوب على الصعيد اللغوي او المعاني ، وعملنا هذا جهد متواضع عسى ان يستفيد منه الطالب العربي .

ومن اللـه التوفيق

المؤلفان

الدكتور

توفيق عزيز عبد اللـه البزاز

استاذ علم اللغة المساعد

قسم اللغة الفرنسية

كلية الآداب / جامعة الموصل

الدكتور

كيورك مرزينا كرومي أل قابو

أستاذ الفلسفة المساعد

قسم الفلسفة

كلية الآداب / جامعة الموصل

فرنسي (انكليزي- عربي)

Français	*Anglais*	*Arabe*
A		
Abduction	**Abduction**	**ارتخاء/ إبعاد عن المركز الأصلي**
Abessif	**Abessive**	**مقاربة**
Abkhaz	**Abaxial**	**الأبخزية/ بعيد عن المركز**
Ablatif	**Ablative**	**مفعول عنه**
Ablaut (= alternance)	**Ablaut**	**تناوب**
Abrégé	**Abridge, abridge (adj.)**	**مقتضب/ مختصر**
Abrégement	**Abridgement (n.)**	**اقتضاب/ اختصار**
Abréwation	**Abbreviation**	**اختصار**
Abruption	**Abrupt**	**التفات**
Absolu	**Absolute**	**مطلق**
Absolument	**Absolute**	**مطلقاً**
Absorption	**Absorption**	**استغراق**
Abstractif	**Abstractive**	**تجريدي**
Abstraction	**Abstraction**	**تجريد**
Abstraction réfléchissante	**Abstraction reflective**	**تجريد عاكس**
Abstrait	**Abstract**	**مجرد**
Absurde	**Absurd (adj.)**	**عبثي/ مناف للعقل**
Absurdité	**Absurolity (n.)**	**عبثية**
Abus	**Abuse**	**تجاوز/ إساءة استعمال**
Abus lexicographique	**Abuse lexicographic (adj.)**	**تجاوز قاموسي**
Acalculie	**Abuse lexicography (n.)**	**فقدان الترقيم**

Accent	Accent	نَبر/ اللكنة
	Accentuate	
Accent ascendant	Arising accent	نغمة صاعدة
Accentaigu	Accentuation	نبر القصر
Accent circonflexe	Circumflex accent	نبر العرض
Accent contextuel	Contextual accent	نبر سياقي
Accent culminatif	Culminative accent	نبر جامع
Accent delaphrase	Sentence stress	نبر الجملة
Accent demarcatif	Demarcative stress	نبر فاصل
Accent de mot	Word accent	نبر الكلمة
Accent dénergie	Energetic accent	نبر وقعي
Accent de syllabe	Stress syllabe	نبر مقطعي
Accent d'insistance	Stress accentual	نبر التأكيد
Accent d'intensité	Intensity accent	نبر تكثيفي
Accent d'intonation	Intonational accent	نبر نغمي
Accent distinctif	Distinctive accent	نبر تمييزي
Accent dynamique	Dynamic accent	نبر حركي
Accent étranger	Stranger accent	رطانة أعجمية
Accent expiratoire	Expiratory accent	نبر زفيري
Accent expressif	Expressive accent	نبر تعبيري
Accent fixe	Fixed accent	نبر ثابت
Accent glottal	Glottalic accent	نبر الهمز
Accent grave	Grave accent	نبر الإطالة
Accent libre	Free accent	نبر متنقل
Accent mélodique	Melodic accent	نبر تناغمي
Accent mobile	Mobile accent	نبر متحرك

12

Accent montagnard	Mountainous accent	لهجة جبلية
Accent musical	Musical accent	نبر موسيقي
Accent principal	Principal accent	نبر أساسي
Accent rhythmique	Rhythmic accent	نبر إيقاعي
Accent secondaire	Secondary accent	نبر ثانوي
Accent tonal	Tone accent	نبر إنغامي
Accent tonique	Tonic accent	نبر تنغيمي
Accentuation	Accentuation	تنبير
Accentué	Stressed	منبر
Accentuel	Accentual	نبري
Acceptabilité	Acceptability	مقبولية/ قبولية
Acceptable	Acceptable	مقبول
Acception	Acception	مقصود/ معنى
Accessibilité	Accessibility	منالية/ سهول المنال
Accessible	Accessible	منيل
Accessoire	Accessory	رديف
Accessoires	Accessories	روادف
Accident	Accident	عَارِضٌ
Accidentel	Accidental	عرضي
Accolades	Accolade	مزدوجة
Accomodation	Accommodation	تماثل
Accompli	Completed	مُنجز
Accord	Agreement, concordance	تساوقٌ/ مطابقة
Accord de genre	Gender agreement	تساوق الجنس
Accord de nombre	Number agreement	تساوق العدد
Accord de personne	Pronoun agreement	تساوق الضمائر

13

Accord syntaxique	Syntactic agreement	تساوق تركيبي
Accompli acculturation	Acculturation	مُثاقفة
Accumulation	Accumulation	تراكُم
Accusatif	Accusative	مفعولية
Accusatif de relation	Relative accusative	مفعول النسبة
Accusatif interne	Accusative/ absolute object cognate object	مفعول مطلق
Acheén	Assyrian	الآشورية
Achevé	Perfect	تام
Achévement du discours	Concluded discourse	تمام الخطاب
Achoppement syllabique	Stumble syllable	تعثر مقطعي
Acmé	Acme/ climax	أوج
Acoustico-vocal	Acoustic of vocal	سمعي نطقي
Acoustique (adj.)	Acoustic	سمعي
Acoustico-physiologique	Acoustic physiology	صوتية فيزيولوجية
Acoustique (n.)	Acoustics	سمعيات
Acquis	Acquired	مكتسب
Acquisition	Acquisition	اكتساب
Acquisition consciente	Conscious acquisition	اكتساب واعٍ
Acquisition directe	Direct acquisition	اكتساب مباشر
Acquisition du langage	Acquisition of language	اكتساب اللغة
Acquisition inconsciente	Unconscious acquisition	اكتساب غير واع
Acquisition maternelle	Maternal acquisition	اكتساب بالأمومة

Acquisition rationnelle	Rational acquisition	اكتساب بالرؤية
Acquisition spontanée	Spontaneous acquisition	اكتساب تلقائي
Acquisition (testd'-)	Acquisition (test of)	رائز الاكتساب
Acrostiche	Acrostic	تطريز
Actant	Actant	مُفاعل
Actant de transitivité	Transitive actant	مُفاعل التعدية
Actant d'intransitivité	Intransitive actant	مُفاعل اللزوم
Acte	Act, action	حدث
Acte articulatoire	Articulatory act	فعل نطقي
Acte de la parole	Speech act	حدث الكلام
Acte linguistique	Linguistical act	حدث لغوي
Acte poétique	Poetical act	فعل شعري
Acte réflexe	Reflective verb	فعل منعكس
Actif	Active	حدثي
Action	Action	عمل
Action absurde	Senseless action	صنيع عبثي
Action du verbe	Act of verb	عمل الفعل
Action transformationnelle	Transformational action	عمل تحويلي
Active (forme)	Active (form)	صيغة الفاعلية
Active (puissance)	Active (power)	فاعلة (قوة)
Active (voix)	Active (voice)	مبني للمعلوم
Activité	Activity	نشاط
Actualisation	Actualization	تحقيق
Actualisé	Actualized	متحقق
Actuel	Actual	حاصل

Acuité	Acuteness	حدة
Adaptation des structures	Adaptation of structures	تطويع البُنى
Adaptation linguistique	Linguistical adaptation	تلاؤم لغوي
Addition transformationnelle	Transformational addition	جمع تحويلي
Adduction	Adduction	قلوص/ تقريب نحو المحور
Adéquate (discours)	Adequate (discourse)	ملائم (خطاب)
Adequate (grammaire)	Adequate (grammar)	استيفائي (نحو)
Adéquation	Adequacy	ملاءمة
Adéquation	Adequacy/ adequatenee	استيفاء
Ad hoc (régle)	Ad hoc	موائمة (قاعدة)
Adjacent	Adjoining, adjacent	متاخِم
Adjectif	Adjective	صفة
Aadjectif adverbial	Adverbial adjective	نعت حالي
Adjectif au positif	Real adjective	نعت محض
Adjectif comparatif	Comparative adjective	أفعل التفضيل
Adjectif déterminatif	Determinative adjective	نعت محدد
Adjectif qualificatif	Qualitative adjective	نعت
Adjectif relationnel	Relational adjective	نعت النسبة
Adjectif substantivé	Substantive adjective	نعت الأسمية
Adjectif verbal	Verbal adjective	صفة مشبهة
Adjectival	Adjectival	نعتي
Adjectivation	Adjectivation	اشتقاق النعت
Adjectivé	Adjectival	متمحض للنعت
Adjectivisation	Adjectivisation	اشتقاق النعتية

Adjoint	Adjunction	مساعد
Adjoints de mots	Adjunctions of words	مساعدات الألفاظ
Adjoints de phrases	Phrases adjunction	مساعدات الجمل
Adjoints de syntagmes	Adjunction of	مساعدات المناظِم
Adjonctif	Adjunctive	عاطف
Adjonction	Adjunction	إرداف
Adjuvant	Adjuvant	مُعين/ مساعد
Adnominal	Adnominal	تابع الأسم
Adnominal (verbe)	Adnominal (verb)	مسند إلى الأسم
Adoucissement	Softening	تليين
Adverbe	Adverb	ظرف
Adverbe d'affirmation	Intensive adverb / Emphatic adverb	ظرف التأكيد
Adverbe decomparaison	Comparative adverb	ظرف الأقتران
Adverbe de doute	Adverb of doubt	ظرف الاحتمال
Adverbe de lieu	Adverb of place	ظرف المكان
Adverbe de maniére	Adverb of manner	ظرف الحال
Adverbe de négation	Negation adverb	ظرف النفي
Adverbe de quantité	Adverb of number	ظرف العدد
Adverbe de temps	Adverb of time	ظرف الزمان
Adverbial	Adverbial	ظرفي
Adverbial (emploi)	Adverbial (use)	سياق الظرف
Adverbial (function)	Adverbial (function)	وظيفة الظرف
Adversatif (adj.)	Adversative	استدراكي
Adversatif (n.)	Adversative	استدراك
Aérodynamique	Aerodynamics	هوائي حركي

Affaiblissement	Weakness	تسهيل/ تخفيف
Affectif	Affective	وجداني
Affermissement	Strengthening	اشتداد
Affinité	Affinity	تقارب
Affirmatif	Affirmative	إثباتي
Affirmation	Affirmation	إثبات
Affirmative (phrase)	Affirmative (sentence)	جملة مثبتة
Affixation	Affix	زيادة/ إضافة
Affixation flexionnelle	Inflectional affix	زيادة إعرابية
Affixe	Affix	زائدة
Affixes dérivationnel	Derivational affix	زائدة اشتقاقية
Affixes verbaux	Verbose affixes	زوائد التصريف
Affrication	Affrication	بين الشدة والرخاوة
Afghan	Afghani	الأفغانية
Agent	Agent	عون
Agentif	Agenitive	عوني
Aggloméra t	Agglomerate	إندماجي
Agglomérat consonontique	Consonantal conglomerate	تكتل حرفي
Agglomérat sémantique	Semantic agglomeration	تكتل دلالي
Agglomérat vocalique	Vocalic agglomeration	تكتل حركي
Aggultinant	Agglutinative	التصاقي
Aggultination	Agglutination	التصاق
Agnosique	Agnostic	عَمِهٌ
Agrammaticalité de la phrase	Nongrammaticality of the phrase	لانحوية الجملة

Aigu	**Acute**	**حاد**
Aigu (accent)	**Acute**	**نبر القصر**
Aire linguistique	**Linguistic area**	**حيز لغوي**
Akkadian	**Akkadian**	**الأكادية**
Alalie		**عِيٌّ**
Albanais	**Albanian**	**الألبانية**
Alexandrins	**Alexandrine**	**نحاة الإسكندرية**
Alexie	**Alexia**	**عمىً قِرائي**
Alexie littérale	**Letter alexia**	**عمى الحروف**
Alexie phrastique	**Sentence alexia**	**عمى الجمل**
Alexie verbale	**Word alexia**	**عمى الكلمات**
Algorithme	**Algorithm**	**خارزمية**
Algorithmique (linguistique)	**Algorithmic**	**خارزمية (لسانيات)**
Aliénable (possession)	**Alienable, transferable**	**عرضية (ملكية)**
Aliénation linguistique	**Linguistic alienation**	**استلاب لغوي**
Aliéné	**Tunatic**	**مستلب**
Allégorie	**Allegory**	**مجاز صوري**
Allemand	**German**	**الألمانية**
Allitération	**Alliteration**	**جناس استهلالي**
Allocution	**Speech, address**	**مخاطبة**
Allographe	**Allograph**	**رَوسمٌ (متغير حرفي)**
Allomorphe	**Allomorph**	**شكلمٌ (متغير شكلي)**
Allongé	**Lengthened**	**ممدود**
Allongement	**Lengthening, elongation**	**مدٌّ**
Allongement compensatoire	**Compensatory lengthening**	**مدّ تعويضي**

Allongement continu	Continuous lengthening	مدّ متصل
Allongement interrompu	Interrupted lengthening	مدّ منفصل
Allongement phonologique	Phonological lengthening	مدّ صوتمي
Allongement vocalique	Vocalic lengthening	إشباع الحركة
Allophone	Allophone	صوتمٌ تعاملي/ تنوع صوت مميز
Allusion	Allusion	تلميح
Alphabet	Alphabet	أبجدية
Alphabet phonétique	Phonetic alphabet	أبجدية صوتية
Alphabétique (écriture)	Alphabetic	هجائية (كتابة)
Altaïque	Altaic	الألتائية
Altération	Alteration	تحريف
Alternance	Alternation	تناوبٌ
Alternance consonantique	Consonantal alternation	تناوب الحروف
Alternance vocalique	Vocalic alternation	تناوب الحركات
Alternant	Alternating	مُناوب
Alternatif	Alternative	مُتناوب
Alternatives	Alternative	خِيارات
Alvéolaire	Alveolar	لثوي/ لثوية
Alvéoles	Alevolus	اللثة
Alvéopalatale	Alveo-palatal	لثوي حنكي
Amalgamant	Amalgamated	مُمازج
Amalgame	Amalgam	مزيج (كلمة منحوتة)
Ambigue	Ambiguous	متلابس

Ambiguité	Ambiguity	لبس
Ambivalence	Ambivalence	تعاظلٌ
Ambivalence contextuelle	Contextual ambivalence	تعاظل سياقي
Ambivalent	Ambivalent	متعاظل (متضاد)
Amélioration	Amelioration	تحسين
Américain	American	الأمريكية
Amérindien	Indo-American	الهندية الأمريكية
Amharie (= Amharique)	Amharic	الأمهرية
Aménsie	Amnesia	تلعثمٌ
Amorce (= stimulus)	Altraction	منبه
Amorphe (style)	Amorphous	غير متبلور (أسلوب)
Amphibologie	Amphibology	إبهام
Amphibologique	Amphibological	إبهامي
Amplificatif	Amplificatory	تضخيمي
Amplification	Amplification	تضخيم
Amplitude	Amplitude	سَعةٌ
Amuïssement	Disappearance	تلاشٍ
Anachronisme	Anachronism	مفارقة تاريخية
Anacoluthe (sty.)	Anacoluthon	التفات
Anacoluthe (synt.)	Anaculuthon	انفصام
Anagramme	Anagram	قلب ترتيبي
Analogie	Analogy	قياس
Analogie formelle	Formal analogy	قياس شكلي
Analogique	Analogical	قياسي
Analogistes	Analogist	قياسيون
Analogues (langues)	Analogous	نظامية (لغات)

Analysabilité	Analysability	تحليلة
Analyse	Analysis	تحليل
Analyse de contenu	Content analysis	تحليل مضموني
Analyse de discours	Discourse analysis	تحليل الخطاب
Analyse grammaticale	Grammatical analysis	إعراب المفردات
Analyse logique	Logical analysis	إعراب الجمل
Analyse structurelle	Structural analysis	تحليل بنائي
Analytique	Analytic	تحليلي
Anaphore (gram.)	Anaphora	ترداد توكيدي
Anaphore (sty.)	Anaphora	معاودة
Anaphorique (pronom.)	Anaphoric (pronoun)	ضمير المعاودة
Anaptyctique (phonème)	Anaptyctic (phoneme)	إقحامي (صوتمٌ)
Anatolien	Annotation	الأناتولية
Anatomie	Anatomy	تشريح
Anatomique	Anatomical	تشريحي
Anatomisé	Anatomized	مشرح
Ancien	Ancient	قديم
Anglais	English	الإنجليزية
Angle de l'image	Angle of the image	زاوية الصورة
Anglien	Anglian	الأنجلوية
Anglo-Saxon	Anglo-Saxon	الأنجلو سكسونية
Animés (noms)	Animate (nouns)	أسماء الأحياء
Annamite	Annamese	الأنامية
Annexion	Annexation	إتباع/ إضافة
Annulation	Annulment, cancellation	حذف

Anomal	**Anomalous, irregular**	**شاذّ**
Anomalie	**Anomaly**	**شذوذ**
Anomalisme	**Anomalism**	**مذهب السماع**
Anomalistes	**Anomalist**	**سماعيون**
Antanacdase	**Repetition of a word in a different sense**	**جناس دلاليّ**
Antécéden	**Antecedence**	**مقدم**
Antécédent	**Antecedent**	**موصول به**
Antépénultiéme	**Antepenultimate, last but two**	**المقطع السابق لما قبل الأخير**
Antérieur	**Anterior**	**أمامي**
Anthropologie	**Anthropology**	**أناسية**
Anticipant	**Anticipant**	**مستبق**
Anticipation	**Anticipation**	**استباق**
Antilogie	**Antilogy**	**انتفاض**
Antimentalisme	**Opposition to mentality**	**لا ذهنية**
Antinomie	**Antinomy**	**تضاربٌ**
Antiphrase	**Antiphrasis, irony**	**قلب المعنى**
Antithése	**Antithesis**	**نقيضة**
Antonyme	**Antonym**	**ضد**
Antonymie	**Opposition of contrary terms**	**تضادّ**
Aoriste (n.)	**Aorist**	**فعل مطلق**
Aoriste gnomique	**Gnomic aorist**	**مطلق كوني**
Aoriste inchoatif	**Inchoative aorist**	**مطلق بدئي**
Aoriste ingressif	**Ingressive aorist**	**مطلق بدئي**
Aoriste résultatif	**Resultative aorist**	**مطلق غائي**
Apache	**Ruffian of the Paris streets**	**الأباشية**

Aperture	Aperture	أنفتاح/ فتح
A-peu-prés	A word roughly standing for another	جناس ناقص
Apex	Apex	أسلة اللسان
Aphasie	Aphasia	حُبسة
Aphasie d'expression	Aphasia of expression	حبسة التعبير
Aphasie nominale	Nominal aphasia	حبسة اسمية
Aphasie sémanlique	Semantic aphasia	حبسة دلالية
Aphasie syntaxique	Syntactic aphasia	حبسة نحوية
Aphasie sensorielle	Sensory aphasia	حبسة حسيّة
Aphasie verbale	Verbal aphasia	حبسة لفظية
Aphasique (n.)	Aphasic	حبيس
Aphérsése	Aphasis	ترخيم مطلعي
Apical	Apical	ذولقي-أسلية
Apocope	Apocope	بتر
Apocope des syllabes	Elided of syllabes	بتر المقاطع
Apodose	Apodosis	جواب الشرط
Aposiopése (= réticence)	Aposiopesis	اكتفاء
Aposteriori	Aposteriori	مابعديّ
Aposteriorisme	Aposteriorism	مابعدية
Apostrophe	Apostrophe	فاصلة حرفية
Apostrophe	Apostrophe	نداء/ مناجاة
Apostrophe (misen)	Apostrophe	منادى
Appareil phonataire	Phonetic apporation	جهاز التصويت
Appareil vocal	Vocal appration	جهاز النطق
Apparent	Visible	ظاهري

Apparenté	Apparent	نسيب
Appartenance	Appurtenance	أنتماء
Appel	Call, appeal	نداء
Appellatif	Appelleative	أداة النداء
Appellatif (fonction)	Appelleative (function)	ندائية (وظيفة)
Appétenc	Appetance, appetancy	مهجة
Application	Application	تطبيق
Appliqué	Applied	تطبيقي
Appostif	Appositive	بدليّ
Apposition	Apposition	بدلية
Apposition (misen)	Apposition	بدل
Appréciatif	Appreciative	تقييمي
Appréhendé	To be apprehensive	مدرك
Apprentissage (n.a.)	Apprenticeship	تدريب
Apprentissage (sub.)	To be an apprentice	تدرّب
Approache	Approach	معالجة/ مقاربة
Appui	Support	إعتماد
Appui (point d')	Point of stress	نقطة الاعتماد
Appui (voyelle d')	Movement of stress	حركة الاعتماد
Apraxie	Apraxia	عِطال
A priori	A priori	ماقبليّ
A priorisme	A priorism	ماقبلية
Aptitude	Aptitude	استعداد
Arabe	Arabic	العربية
Arabe ancien	Ancient Arabic	عربية قديمة
Arabe classique	Classical Arabic	عربية فصحى

Arabe dialectal	Dialectal Arabic	عربية دراجة
Arabe littéral	Standard Arabic	عربية فصيحة
Arabe moderne	Modern Arabic	عربية معاصرة
Arabe vulgaire	Vulgar	عربية عامية
Arabisation	Arabisation	تعريب
Araméen	Aramaic	الآرامية
Arbitraire (adj.)	Arbitrary	إعتباطي
Arbitraire (n.)	Arbitrariness	اعتباط
Arbitraire caractérisé	Determined arbitrariness	اعتباط محض
Arbitraire du signe	Sign arbitrariness	اعتباطية الدليل اللغوي
Arbitrarie relatif	Relative arbitrariness	اعتباط نسبي
Arbre linguistique	Linguistic tree	شجرة لغوية
Arcadien	Arcadian	الأركدية
Archaïsme	Archaism	عتيق
Archéologie lingiustique	Linguistic archeology	حفرية لغوية
Archétype	Archetype	نموذج أوفى
Archisystéme	Archisystrm	مافوق النظام
Argot	Argot	أرغة/ - لغة إصلاحية
Argument	Argument	حجّة
Argumentation	Argumentation	محاجّة
Arménien	Armenian	الأرمنية
Arrangements	Arrangement	تنظيمات
Arrieré (adj.)	Back	خَلفي
Arriére (n.)	Back	خَلف
Arriére-métalinguistique	Back-metalingtuitic	خلفي انعكاسي

Arrondi	Round	مستدير
Arrondissement	Roundness	تدوير
Artefact	Artifact	مصادرة دورية
Article	Article	مخصَّص (أداة)
Article défini	Definite article	مخصص التعريف
Article indéfini	Indefinite article	مخصص التنكير
Article partitif	Partitive article	مخصص التبعيض
Articulateur (orange)	Articulator	ناطق (عضو)
Articulation (n.a.)	Articulation	تقطيع/ التفصح - درج الكلام
Articulation (double)	Double articulation	تمفصل مزدوج
Articulation dudiscours	Discourse articulation	تقطيع الخطاب
Articulation vélaire	Velar articulation	نطق لهوي
Premiére articulation	Primary articulation	التقطيع الأول
Deuxiéme articulation	Double articulation	التقطيع الثاني
Articulatoire	Articulatory	نطقي
Artificiel	Artificial	اصطناعي
Artificielles (langues)	Artificial (language)	اصطناعية (لغات)
Ascendant	Ascendant	متعالٍ
Asémantique	Nonsemantic	لا دلالي
Asémantisme	Asemantism	لا دلالية
Aspect	Aspect	مظهر
Aspect créatiu	Creative aspect	مظهر خلّاق
Aspect infini	Infinite aspect	مظهر لا محدود
Aspectuel	Aspectual	مظهري
Aspiration	Aspiration	هائية

Aspiré	**Aspirated**	**هائي**
Assemblage	**Assemblage**	**تجميع**
Assertif	**Assertive**	**تأكيدي**
Assertion	**Assertion**	**تأكيد مُضمَر**
Assertive (phrase)	**Assertive (phrase)**	**تقريرية (جملة)**
Assimilation	**Assimilation**	**إدغام**
Assimilation incompléte	**Incomplete assimilation**	**إدغام ناقص**
Assimilation partielle	**Partial assimilation**	**تقريب**
Assimilation progressive	**Progressive assimilation**	**إدغام تقدمي**
Assimilation régressive	**Regressive assimilation**	**إدغام تأخري**
Assimilation totale	**Total assimilation**	**إدغام كلي**
Assyrian	**Assyrian**	**الآشورية**
Associatif	**Associative**	**تجميعي**
Association	**Association**	**تجميع**
Associationnisme	**Associationism**	**أنضامية**
Assonance	**Assonance**	**تجانس حركي**
Astérisque	**Asterisk**	**نجمْ**
Atlas linguistique	**Linguistic Atlas**	**أطلس لغوي**
Atome acoustique	**Acoustic atom**	**ذرة سمعية**
Atomique	**Atomic**	**ذرّى**
Attention	**Attention**	**انتباه**
Attique	**Athenian**	**الأثينية**
Attitude	**Attitude**	**هيئة/ اتجاه**
Attractif	**Attractive**	**اجتذابي**
Attraction	**Attraction**	**اجتذاب**

Attribut	**Attribute adjective**	**صفة الحال**
Attribuitif	**Attributive**	**وصفي حاليّ**
Audibilité	**Audibility**	**سموعية**
Audio-actif	**Audio-active**	**سمعي إسهامي**
Audio-comparatif	**Audio-comparative**	**سمعي تسجيلي**
Audiogramme	**Audiogram**	**مقياس السمع**
Audiométre	**Audiometer**	**مِسماع**
Audiométrie	**Audiometer**	**قياس السمْع**
Audio-oral	**Audio-oral**	**سمعي شفوي**
Audio-passif	**Audio-passive**	**سمعي تقبلي**
Audiophone	**Audiophone**	**سمّاع**
Audio-visuel	**Audio-visual**	**سمعي بصري**
Auditeur	**Auditor**	**مستمع**
Auditif (nerf)	**Auditory nerve**	**سمْعي (عصب)**
Audition	**Audition**	**سمع**
Augment	**Augment**	**إلحاق**
Augmentatif	**Augmentative**	**تكبير**
Australien	**Australian**	**الأسترالية**
Authenticité de la parole	**Authenticity of speech**	**صدق الكلام**
Authentique (discours)	**Authentic**	**صادق (خطاب)**
Authentique (littérature)	**Authentic**	**مطبوع (أدب)**
Autisme	**Autism**	**أجترارية**
Autistique	**Autistic**	**أجتراري**
Autodidacte	**Self-educated, self-taught**	**عصامي**
Auto-enchâssement	**Self-setting**	**أكتناف ذاتي**

Auto-évaluation	Self-evaluation	تثمين ذاتي
Automate	Automaton	كائن آليّ
Automation	Automation	تألية
Automatique	Automatic	آليّ
Automatisme	Automatism	آلية
Automatismes	Automatism	آليات
Autonome	Autonomy	مستقل
Autonomie	Autonomy	استقلال ذاتي
Autonymie	Antonoymy	ذاتية الدلالة
Auto-observation	Auto-observation	ملاحظة ذاتية
Autoréglage	Self-adjustment	تعديل ذاتي
Autorégulation	Self-regulation	تسوية ذاتية
Autorité linguistique	Linguistic authority	سلطة لغوية
Autoscopie (= auto-observation)	Self-observation	ملاحظة ذاتية
Autrichien	Austrian	النمساوية
Auxiliaire	Auxiliary	وسيط
Auxiliaires verbaux	Auxiliary verbs	وسائط فعلية
Avalent	Avalent	مُبهم الفاعل
Avant (n.)	Before	أمام
Avant (pré.)	Before	قبل
Avant (voyelle d')	Front vowels	أمامية (حركات)
Axe de distribution	Distribution axis	محور التوزيع
Axe sélection	Selection axis	محور الاختيار
Axe horizontal	Horizontal axis	محور أفقي
Axe paradigamatique	Paradigmatic axis	محور جدولي
Axe syntagmatique	Syntagmatic axis	محور نسقي

Axe vertical	**Vertical axis**	**محور عمودي**
Axiologie	**Axiology**	**قيميّة**
Axiologique	**Axiologic**	**قيميّ**
Axiomatique (adj.)	**Axiomatic (adj.)**	**بدائهي**
Axiomatique (n.)	**Axiom (n.)**	**بدائهية**
Axiome	**Axiom (n.)**	**مسلّمة**

B

Babil	Babel	غِيْ
Babylonien	Babylonian	البابلية
Bain linguistique	Linguistic basin	حوض لغوي
Balkanique	Balkan	البلقانية
Balte	Baltic	البلطيقية
Banque de données	Bank of data	بنك المعطيات
Banque des mots	Bank of words	بنك الألفاظ
Bantou (= Bantu)	Bantu	البنطوية
Barbarisme	Barbarism	حُوشي
Baryton	Barytone	جهير الطرف
Barytonaison	Barylonation	تجهير الطرف
Bas	Low	منخفِض
Base	Base	أساس
Base (sty.)	Base	وجه الشبه
Base (articulatoire)	Articulatory base	أساس نطقي
Base (phrase de)	Basic sentence	جملة أساسية
Bases des incisives	Bases of cuttings	أصول الثنايا
Basque	Basque	البسكيّة
Basse (voyelle)	Low vowel	منخفضة (حركة)
Bech-la-mer (= Bichlamer)	Beche-de-mer	الهشلمّهة
Béhavioriste	Behaviourist	سلوكي
Béhaviouréme	Behaviour	سَلكَمٌ
Béhaviourisme	Behaviourism	سلوكية

(=béhaviorisme)

Bénéficiaire	Beneficiary	مستثمر
Bengali	Bengali	البنغالية
Berbére	Berber	البربرية
Bilabial	Bilabial	شفوي مزدوج
Bilabiodental	Labio-deutal	شفوي أسناني
Bilabiopalatal	Labio-palatal	شفوي حنكي
Bilabiovélaire	Labio-ovelar	شفوي لهوي
Bilatéral	Bilateral	ذو طرفين
Bilinque	Bingual	مزدوج
Bilinguisme	Bilingualism	ازدواجية لغوية
Binaire	Binary	ضِعفي
Binarisme	Binarism	ضِعفية
Biologique	Biological	بيولوجي
Boîte de Hokett	Box of Hocket	صندوق هوكات
Bon-usage	Good usage	فصاحة
Brisure (= fracture)	Fracture	كسْر
Brittonique	Briton	البريتونية
Bruit	Bruit	ضجيج
Bruitage	Sound effects	تشويش
Bruyant	Noisy	ضجيجي
Buccal	Buccal	فمي
Bucco-nasal	Buccal-nasal	فمّيّ أنفيّ
Bulgare	Bulgarian	البلغارية
But	Target, adjective	غاية
Branche linguistique	Linguistic branch	شعبة لغوية
Branches d'étude	Studying branches	أفنان دراسّية

Bref (son)	Short (sound)	قصير (صوت)
Brésilien	Brazilian	البرازيلية
Bréve (voyelle)	Short (vowel)	قصيرة (حركة)
Brévité (= briéveté)	Brevity	قِصر
Briéveté	Brevity	قِصر

C

Cacophonie	**Cacophony**	**تناشز**
Cacuminal	**Cerebral**	**نطعي**
Cadence	**Cadence**	**نغمة ختامية**
Cadencé	**Cadencer**	**منغّم**
Caduc	**Precarious, insecure**	**حذيف**
Cafre	**Kaffir**	**الكفرية**
Calembour	**Pun**	**تورية جناسيّة**
Calligraphe	**Calligrapher**	**خطاط**
Calligraphie	**Calligraphy**	**تخطيط**
Calquer	**Calque**	**نسخ**
Cambodgien	**Cambodian**	**الكمبودية**
Canal	**Canal**	**قناة**
Cananéen	**Canaanite**	**الكنعانية**
Canine	**Canine**	**ناب**
Canon sémantique	**Semantic law**	**ناموس دلالي**
Canonique	**Canonical**	**قواعدي**
Canonique (phrase)	**canonic (sentence)**	**قويمة**
Capacité	**Capacity**	**سعة**
Capacité de la mémoire	**Memory capacity**	**طاقة الذاكرة**
Capacité générative	**Generative capacity**	**قدرة توليدية**
Caractére	**Character**	**طابع**
Caractére	**Small print**	**حرف خطّي**
Caractérisation	**Characterisation**	**تشخيص**
Caractérisé	**Characterise**	**مطبوع**

Caractéristique	Characteristic	خصوصي
Cardinal (nombre)	Cardinal number	رئيسي (عدد)
Cardinal (son)	Cardinal sound	سلّمي (صون)
Cardinale (function)	Cardinal (function)	رئيسية (وظيفة)
Cardinale (voyelle)	Cardinal (vowel)	سلمية (حركة)
Carte linguistique	Linguistic map	خريطة لغوية
Cas	Case	حالة إعرابية
Cas (languesل)	Case (languages)	إعرابية (لغات)
Catégorie grammaticale	Grammatical category	باب نحوي
Catégorie logique	Logical category	مقولة منطقية
Catégorie sémantique	Semantic category	صنف دلالي
Catégorie syntascique	Syntactic category	صنف تركيبي
Catégories du discours	Discourse categories	أجناس الخطاب
Catégoriel	Categorical	تبويبي
Causal	Causal	سببي
Causalité	Causality	سببية
Causalitif (= factitif)	Causative	تعدية
Cavité	Cavity	تجويف
Cavité nasale	Nasal cavity	
Cavité buccuale	Buccal cavity	
Cécité verbale	Verbal blindness	عمى لفظي
Celtique (= celte)	Celtic	السّلتية
Central	Central	مركزيّ
Centralisé	Centralize	مركّز
Centre	Centre	مركز

Centre de gravité	Centre of gravity	مركز الثقل
Centrifuge	Centrifuge	نابذ
Centripéte	Centripetal	جابذ
Cercle philologique		سياج لغويّ
Cercle réflexif	Reflexive circle	دائرة انعكاسية
Certitude	Certitude	يقين
Cerveau-mécanique		دماغ آلي
Césure	Cesura/ caesura	فصْم
Chaîne	Chain	سلسلة
Chaîne de discours	Chain of discourse	سلسلة الخطاب
Chaldéen	Chaldean	الكلدانية
Champ	Field	حقل
Champ conceptuel	Conceptual field	حقل تصوّري
Champ d'application	Field of application	حقل التطبيق
Champ de dispersion	Field of dispersion	حقل التّبدد
Champ sémantique	Semantic field	حقل دلالي
Champs linguistiques	Linguistic fields	حقول لغوية
Changement	Change	تغيير
Charade	Charade	أحجية لغوية
Charge négative	Negative charge	شحنة سالبة
Charge péjorative	Pejorative charge	شحنة تهجين
Charge pertinente	Pertinent charge	شحنة مميزة
Charge positive	Positive charge	شحنة موجبة
Charge semantique	Semantic charge	شحنة دلالية
Chevron	Chevron	شارة
Chiasme	Chiasma	تناظر عكسي

Chinois	Chinese	الصينية
Chinook	Chinook	الشنكوّية
Choix	Choice	انتقاء
Choix binaire	Binary choice	اختيار ثنائي
Chromatique (accent)	Chromatic	تلويني (بنر)
Chute	Chute	سقوط
Circassien	Circassian	الشركسّية
Circuit	Circuit	دورة
Circulaire (définition)	Circular	دائري (تحديد)
Circularité	Circularity	دائرية
Civilisation	Civilization	حضارة
Clair	Clear	متضح
Classe	Class	باب/ نوع
Classement	Classification	تقسيم
Classe distributionnelle	Distributional class	باب توزيعيّ
Classes de localisation	Classes of localisation	أبواب المواضع
Classes d'équivalence	Classes of equivalence	أبواب التكافؤ
Classes grammaticales	Grammatical classes	أبواب نحوية
Classification	Classification	تبويب
Classification horizontale	Horizontal classification	تبويب أفقيّ
Classification verticale	Vertical classification	تبويب عمودي
Classique	Classic	عتيق
Clés	Keys	مفاتيح

Clic (= click)	Click	طقطقة
Cliché	Cliché	مسكوك
Clichés	Clichés	مسكوكات
Climax génératif	Generative climax	تسُنم توليدي
Cluster (= agglomoérat)	Cluster	تكتّل
Coalescence	Coalescence	مزج صوتيّ
Co-artirulation	Coarticulation	تقطيع مصاحب
Code	Code	نمط
Coefficient	Coefficient	مُعامِل
Coefficient numérique	Numerical coefficient	مُعامِل عدديّ
Coexistance	Coexistence	تواجدٌ
Cognitif (=référentiel)	Referential	مرجعيّ
Cognition	Cognition	تفهمٌ
Cohérence	Coherence	تناسقٌ
Cohérent	Coherent	متناسق
Cohésion mécanique	Mechanic cohesion	ارتباط آلي
Collectif (adj.)	Collective	جمعيّ
Collectif (n.)	Collective noun	إسم جمع
Collocation	Collocation	تضامّ
Coloration	Coloration	إدغام تلوينيّ
Combinabilité	Combinability	تعاملية
Combinaison	Combination	تقليب
Combinatoire	Combinatory	تعامليّ
Comment (le)	The whys	الكيف
Commentaire	Commentary	تعقيب

Commun	Common	مشترك
Communauté linguistique	Linguistic community	جماعة لغويّة
Communicabilité	Communicable	إيصالية
Communicatif	Communicative	اتصاليّ
Communication (n.a.)	Communication	إبلاغ
Communication (sub.)	Communication	تواصل
Communion phatique	Communion	اتصالي انتباهيّ
Commutable	Commutable	تعاوضيّ
Commutation	Commutation	تعاوض
Comutativité	Commutative	تبادلية
Compact	Compact	سميك/ كثيف
Comparaison	Comparison	تشبيه
Comparartif (adj.)	Comparative	تشبيهيّ
Comparatif (n.)	The comparative	تشبيه
Comparatisme	Comparatism	قِرانية
Comparé (= teneur)	Comparative	مشبه
Comparée (grammaire)	Comparative	مقارن (نحو)
Compatibilité	Compatibility	تواؤم
Compatible	Compatible	متوائم
Compensation	Compensation	تعويض
Compensatoire	Compensatory	تعويضي
Compétence	Competence	قدرة
Compétence générative	Generative complement	قدرة توليدية
Complément	Complement	تميم

Complément d'agent	Agent of complement	تمييم العون
Complément de cause	Complement of cause	تمييم السّبب
Complément de maniére	Complement of manner	تمييم الحال
Complément de nom	Complement of name	تمييم الإسم
Complément d'instrument	Complement of instrument	تمييم الآلة
Complément direct	Direct complement	تمييم المفعولية
Complément indirect	Indirect complement	تمييم بواسطة
Complémentaire	Complementary	تكامليّ
Complémentarité	Complementarity	تكامل
Complétive	Completive	متّممة
Complétivisation	Completivization	تتميم
Complexe	Complex	مركّب
Complexe consonantique	Consonantal complex	مركّب حرفيّ
Complexe phonique	Phonic complex	عنقود صوتي
Complexe vocalique	Vocalic complex	مركب حركي
Composition	Composition	نحت
Compound (phonémes)	Compound	مركبة (صواتم)
Compréhension	Comprehension	فهم
Conatif	Conative	إفهامي
Conative (fonction)	Conative	إفهامية (وظيفة)
Concaténation	Concatenation	ترابط
Concaténation articulatoire	Concatenation	ترابط أدائي
Concave	Concave	مقعّر
Concept	Concept	متصوّر

Conceptualisation	Conceptualization	تجريد المتصوّر
Conceptuel	Conceptual	تصوريّ
Concessif	Concessive	إضرابي
Concessive (forme)	Concessive (form)	صيغة المقابلة
Concessive (phrase)	Concessive (clause)	إضرابية (جملة)
Concomitance	Concomitance concomitancy	ترابط
Concomitant	Concomitant	مترابط
Concordance	Concord (ance)	توافق
Concordance des temps	Concord of tenses	توافق الأزمنة
Concordance fonctionnelle	Concord of function	توافق وظيفي
Concordance (lexicographique)	Concordance	جرد سياقي
Concret	Concrete	محسوس
Concrétisation d'une image	Concretisation	تجسيم صورة
Condition	Condition	شرط
Conditionné	Conditioned	مشروط
Conditionnel	Conditional	شرطيّ
Conditionnement	Conditioning	تكييف
Conditionnement apérant	Operative conditioning	تكييف فَعول
Configuration	Configuration	تشكّل/ تشكيل/ تشجيرة
Confirmatif	Confirmative	إثباتي
Confirmatif (phrase)	Confirmative	إثباتية (جملة)
Conformation	Conformation	مشاكلة
Conjoint (adj.)	Conjunct	اقترانيّ/مقرون
Conjonctif	Conjunctive	إرتباطي

Conjonction (n.)	Conjunction	رابط
Conjonction (sub.)	Conjunction	ربْط
Conjonction assertive	Assertive conjunctive	رابط تأكيدي
Conjonction de coordination	Coordinating conjunction	رابط تنسيقي
Conjonction de subordination	Subordinating conjunction	رابط تعليقي
Conjugaison	Conjugation	تصريف
Connecteur	Connector	قرين
Connecteur conditionnel	Conditional connector	قرين شرطي
Connexion	Connection	إقتران
Connotatif	Connotative	إيحائي
Connotation (n.)	Connotation	إيحاء
Connotation (sub.)	Connotation	تضمين
Connotations d'un monéme	Connotation of moneme	إيحاءات اللفظم
Consience collective	Collective consciousness	وعي جماعيّ
Conscience linguistique	Linguistic consciousness	وعي لغويّ
Consécutif	Consecutive (s.)	تتابعي
Consonance	Consonance	سجع
Consonances	Consonances	أسجاع
Consonant	Consonant	مسجّع
Consonne	Consonant	حرف
Consonne dorsale	Dorsal consonant	حرف ظهريّ
Consonne fricative	Fricative consonant	حرف احتكاكي
Consonne interdentale	Interdendal consonant	حرف ما بين أسناني
Consonne labiale	Labial consonant	حرف شفويّ

Consonne laryngale	Laryngial consonant	حرف أقصى حلقيّ
Consonne latérale	Lateral consonant	حرف انحرافيّ
Consonne uvulaire	Uvular consonant	حرف طبقيّ
Consonne vélaire	Velar consonant	حرف لهويّ
Consonne vibrante	Vibrant consonant	حرف تكريري
Constant	Constant	ثابت
Constante	Constant	ثابتة
Constantes du discours	Constant of discourse	ثوابت الخطاب
Constatif	Constative	تقريريّ
Constellation	Constellation	كوكبة
Constituant	Constituent	مكوّن
Constituant immédiat	Immediate constituent	مكوّن أولي
Constitutif	Constitutive	تأسيسي
Constitution	Constriction	تأسيس
Constrictif	Constrictive	إنقباضي
Constriction	Constriction	إنقباض
Construction	Construction	بناء
Construction de la phrase	Construction of the phrase	بناء الجملة
Contact des langues	Contact of languages	إحتكاك اللغات
Contamination linguistique	Linguistic contamination	عدوى لغوية
Conte	Story	حكاية
Contenu	Content	محتوى
Contexte	Context	سياق
Contexte de la situation	Context of situation	سياق الحال

Contexte situationnel	Situational context	مقام
Contextualisation	Contexualization	مساق
Contexuel	Contextual	سياقي
Contiguité	Contiguity	تلاصق
Contigus	Contiguous	متجاورات
Contingent	Contingent	جائز (احتمالي)
Continu	Continued	ممتدّ
Continuité	Continuity	مواصلة
Contour	Contour	قدار
Contracte (voyelle)	Contracted (vowel)	متقلصة (حركة)
Contracté	Contracted	مُقلصّ
Contractif	Contractive	تقلصي
Contraction (=coalescence)	Contraction	مزج صوتي
Contraction de l'usage	Contraction of usage	تقلص الاستعمال
Contradiction	Contradiction	تناقض
Contradictoire	Contradictory	متناقض
Contraire	Contrary	ضدّ
Contraste	Contrast	مفارقة
Contrastif	Contrastive	تقابليّ
Contrastive (linguistique)	Contrastive linguistics	تقابلية (لسانيات)
Contrat	Contract	عقد
Contrat tacite	Tacit contract	عقد مُضمر
Contrôlé	Control	رقابة
Convention (n.)	Convention	متواضعة
Convention (sub.)	Convention	إصطلاح

45

Conventionnel	Conventional	إصطلاحي
Convergence	Convergence	تلاقٍ
Conversation	Conversation	تحاور
Conversationnel	Conversational	تحاوري
Conversion	Conversion	تبديل
Convertir	Converted	بدّل
Convexe	Convex	محدّب
Co-occurrence	Coocurrence	توارد المصاحبة
Coordination	Coordination	تنسيق
Coordination syntaxique	Syntactic coordination	تنسيق تركيبي
Coordonné	Coordinated	منسَّق
Coordonnée (n.)	Coordinates	إحداثي
Copte	Coptic	القبطية
Copulatif	Copulative	رِباطي
Copulatif (fonction)	Copulative (function)	رباطية (وظيفة)
Copule	Copula	رابطة
Corde	Cord	وَتر
Cordes vocales	Vocal cord	أوتار صوتية
Coréen	Korean	الكورية
Co-référence	Coreference	توحد المرجع
Coronal	Coronal	تاجيّ
Corpus	Corpus	مدونّة
Correct	Correct	صحيح
Correction	Correcting	إصلاح
Correction sensorielle	Sensory correction	تصحيح حسيّ
Corrélatif (adj.)	Correlative	تلازميّ

Corrélatif (n.)	Correlative	ملازِم
Corrélation	Correlation	تلازم
Correspondance	Correspondence	ترادف
Correspondant	Corresponding	مترادف
Couleur	Colour	لون
Couplage	Coupling	تزويج/ اقتران
Couple	Couple	مثناة/ زوج
Couples	Couples	مثانٍ
Coût	Cost	تكلفة
Covariance	Covariance	تنوع مطلق
Création analogique	Analogical creation	صوغ قياسي
Créativité	Creativity	إبداعية
Créole	Creole	الكروليّة
Créole	Creole	لغةٌ مزيج
Cri	Cry	صراخ
Critériologie	Criteriology	مقياسية
Croisé (classification)	Cross-classification	متقاطع (تبويب)
Croisement	Crossing	تجاذب
Cryptographie	Cryptography	ترميز كتابيّ
Cryptotype	Crytotype	نمط خفّي
Cube	Cube	مكعّب
Cubique	Cubic	تكعيبي
Cubisme	Cubism	تكعيبية
Culminatif	Culminative	جامع
Culminative (fonction)	Culminative function	أوْجية (وظيفة)
Culture	Culture	ثقافة

Culturel	Cultural	ثقافي
Cunéiforme (écriture)	Cuneiform	مسمارية (كتابة)
Cursif (= imperfectif)	Cursive	صائر
Cybernétique (n.)	Cybernetic	قبطانية
Cycle	Cycle	دور
Cyclique	Cyclic	دوري
Cymrique	Cymric	اللغة الويلزية
Cypriote	Cypriote	القبرصية

D

Danois	Danish	الدانمركية
Data	Data	مدوّنة المعطيات
Datif	Dative	إضافة
Décentration	Decentralization	توزع
Décisif	Decisive	حاسم
Décision	Decision	قرار
Déclamation du style	Declamation of style	بهرج الأسلوب
Déclamatoire	Declamatory	تنويهي
Déclaratif	Declarative	تصريحي
Déclaratif (phrase)	Declarative sentence	خبرية (جملة)
Déclinaison	Declension	صرف إعرابي
Déclinaison des noms	Declension of names	إعراب السماء
Décodage	Decoding	تفكيك
Décodeur	Decoder	مفكك
Décomposition	Decomposition	فكّ
Decoupage (=segmentation)	Segmentation	تقطيع
Dédialectalisation	Dialectalisation	توحيد لهجي
Déductif	Deductive	استنتاجي
Déduction	Deduction	استنتاج
Défectif	Defective	ناقص
Défictivité	Defictivity	نقص
Défence	Defence	حظر
Défini	Definite	معرّف
Définition (sub.)	Definition	حدّ

Définition (n.a.)	Definition	تعريف
Degré	Degree	درجة
Degré de complexité	Degree of complexity	درجة التعقد
Degré de simplicité	Degree of simplicity	درجة البساطة
Degré zero	Zero degree	درجة صفر
Degrés d'acceptabilité	Degree of acceptability	درجات المقبولية
Degrés d'aperture	Degree of aperture	درجات الانفتاح
Délimitation	Delimitation	تجزئة
Démarcatif	Demarcative	فاصل
Démarcation	Demarcation	تفاصل
Démonstratif (adj.)	Demonstrative	برهاني
Démonstratif (adj.)	Demonstrative	إشاري
Démonstratif (n.)	The demonstrative	أسم إشارة
Démonstration	Demonstration	استدلال
Dénasalisation	Denazalization	نزع الغنّة
Dénominatif	Denominative	تعييني
Dénomination	Denomination	تعيين
Dénotatif (=référentiel)	Denotative	مرجعي
Dénotation	Denotation	دلالة ذاتية
Dénoté (référent)	Denote	مَرجِع
Dénoté (déférent)	Denote	مرجع
Dense	Dense	كثيف
Densité	Density	كثافة
Dent	Tooth	سنّ
Dental	Dental	أسناني
Denti-alvéolairé	Dental-alveolar	أسناني لثويّ

50

Dentilabial (=labiodental)	Lofio-dental	أسناني شفوي
Dépendant	Dependent	تبيع
Déplacement (n.a.)	Shifting	نقل
Déplacement (sub.)	Shifting	إنتقال
Dépréciatif (=péjoratif)	Depreciative	تهجيني
Dérivation	Derivation	اشتقاق
Dérivationnel	Derivational	إشتقاقي
Descriptif	Descriptive	وصفي
Description	Description	وصف
Description linguistique	Linguistic description	وصف لغوي
Description structurale	Structural description	وصف بنيوي
Désignation	Designation	تخصيص
Détachement	Detachment	عزْل
Déterminant	Determinant	محدّد
Déterminatif	Determinative	تحديديّ
Déterminatif (discourse)	Determinative	جزميّ (خطاب)
Détermination	Determination	تحديد/ تعريف
Déterminé	Determine	محدد/ معرف
Deuxiéme articulation	Dual articulation	تمفصل ثانٍ
Deuxiéme personne	Second person	ضمير المخاطب
Deux-points	Colon	نقطتان
Déverbatif	Deverbative	مصوغ الفعل من الفعل
Déviation stylistique	Stylistic deviation	إنحراف أسلوبي
Descriptivisme	Descriptivism	وصفية

Dévocalisation	**Devocalisation**	**تهميس**
Diachronique	**Diachronic**	**زمانيّ**
Diacritique	**Diacritical**	**مميِّز**
Diagnostique	**Diagnostic**	**تشخيصيّ**
Diagramme	**Diagram**	**رسم بياني/ هيكل**
Diagraphe	**Diagraph**	**رسم ثنائي**
Dialectal	**Dialectal**	**دارج**
Dialectal	**Dialectal**	**دراجة**
Delictalisation	**Delictalisation**	**تفرع لهجي**
Dialecte	**Dialect**	**لهجة**
Dialecte différentiel	**Differential dialect**	**لهجة فارقة**
Dialecte local	**Local dialect**	**لهجة محلية**
Dialecte non différentiel	**Non-differential dialect**	**لهجة غير فارقة**
Dialecte régional	**Regional dialect**	**لهجة جهوية**
Dialecte social	**Social dialect**	**لهجة اجتماعية**
Dichotomie	**Dichotomy**	**زوج تقابليّ**
Diction	**Diction**	**أداء**
Dictionnaire	**Dictionary**	**قاموس**
Dictionnaire des antonymes	**Dictionary of Antonyms**	**قاموس الأضداد**
Dictionnaire des synonymes	**Dictionary of Synonyms**	**قاموس المترادفات**
Différence	**Difference**	**فرق/ اختلاف**
Différenciation (n. a.)	**Differentiation**	**تفريق**
Différenciation (sub.)	**Differentiation**	**تغاير**
Différent	**Different**	**مغاير**
Différentiel	**Differential**	**تخالفي**

Diffraction	Diffraction	إنعراج
Diffus	Diffuse	منتشر/ مسهب
Digramme	Diagraph	حركة/ حرف/ مزدوج
Dimension linguistique	Linguistic dimension	بُعد لغويّ
Diminutive (adj.)	Diminutive	تصغيريّ
Diminutif (n.)	Diminutive	تصغير
Diphtongaison	Diphthongization	مزاوجة حركية
Diphtongue	Diphthong	حركة مزدوجة
Direct	Direct	مباشر
Directionnel	Directional	إتجاهي
Discernable	Discernable	متمايز
Discipline	Discipline	فنّ
Discontinu	Discontinue	متقطع
Discontinuité	Discontinuity	تقطع
Discours	Discourse	خطاب/ القول
Discours métalinguistique	Metalinguistic discourse	خطاب إنعكاسي
Discrimination	Discrimination	تفريق
Distance	Distance	إبتعاد/ مسافة - مدى
Distance linéaire	Linear distance	مسافة خطية
Distinctif	Distinctive	تمييزيّ
Distinction	Distinction	تمييز
Distinguisher	Distinguisher	مُميز مأصلي
Distributif	Distributive	توزُعيّ
Distribution	Distribution	توزيع
Distributionnalisme	Distributionalism	توزيعية
Distributionnel	Distributional	توزيعي
Distributivité	Distributivity	توزُعية

Divergence	Divergence	أفتراق/ وجه الاختلاف
Divergent	Divergent	مُفارق
Documentaire	Documentary	توثيقي
Dogmatique	Dogmatic	وثوقي
Dogmatisme linguistique	Linguistic dogmatism	وثوقية لغوية
Domaine	Domain	مجال
Dominer	Master	سيطر
Donnée	Given	مُعطًى
Dorien	Doric	الدورية
Dorsal	Dorsal	ظهريّ
Double	Double	ضعف
Double articulation	Double articulation	تمفصل مزدوج
Doublet	Doublet	مُزاوج
Douteux	Indefinite	مشبوه
Doux	Soft	لينّ
Droit	Right	قويم
Dualité	Duality	تثنية
Duel	Dual	مُثنّى
Duratif	Durative	إستمراري
Dynamique (adj.)	Dynamic (adj.)	حركيّ
Dynamisme externe	External dynamism	حركة خارجية
Dynamisme interne	Internal dynamism	حركة داخلية
Dynamisme	Dynamism	حركية

E

Écart	**Divergence**	**عدول/تجاوز**
Échange verbal	**Verbal exchange**	**تبادل حواري**
Échantillon	**Sample**	**عِّينة**
Échappatoire	**Elusion, evasion**	**متنفسّ**
Économie	**Economy**	**إقتصاد**
Économie linguistique	**Linguistic economy**	**إقتصاد الكلام**
Économie syntaxique	**Syntactic economy**	**إقتصاد تركيبي**
Écrit	**Written**	**مكتوب**
Écriture	**Writing**	**كتابة**
Écriture phonétique	**Phonetic writing**	**كتابة صوتية**
Effectif (=résultatif)	**Effective**	**محصوليّ**
Effet psycho-linguistique	**Psycho-linguistic effect**	**وقع نفساني لغوي**
Ego	**Self**	**قائل**
Egocentrique	**Egocentric**	**مركزي الذات**
Egocentrisme	**Egocentricism**	**مركزية الذات**
Egocentrisme social	**Social egocentricism**	**مركزية الذات الجماعية**
Égressif (=terminatif)	**Terminative**	**إنتهائي**
Egyptien ancien	**Ancient Egyptian**	**المصرية القديمة**
Éjectif	**Ejective**	**قذفي/مفرزة**
Éjection	**Ejection**	**قذف**
Élargissement	**Broadening**	**توسيع**
Elasticité du langage	**Language elasticity**	**مطاطية اللغة**
Élément	**Element**	**عنصر/جزء**

Éléments du discours	Elements of discourse	عناصر الخطاب
Élision	Elision	ترخيم تعامُليّ
Ellipse	Ellipsis	إختزال
Elliptique	Elliptical	مختزل
Émanation	Emanation	أنبثاق
Émission	Emission	بثّ
Émotif	Emotive	انفعاليّ
Emphatique	Emphatic	مُفخمّ
Empirisme	Empiricism	اختبارية
Emploi	Employment	استخدام
Emprunt	Borrowing	دخيل/إستعارة/افتراض
Enchaînement	Sequence	تتابع
Empirisme	empiricism	اختبارية
Emploi	employment	استخدام
Emprunt	Borrowing	دخيل/إستعارة/افتراض
Enchaînement	Sequence	تتابع
Enchâssé	Insert	مكتنف
Enchâssement	Setting, enshrining	اكتناف /انصهار
Enchevêtrement	Entanglement	تشابك
Endinomène	Inclined	مائل نبري
Enclitique	Enclitic	مجلوب نبري
Encyclopédie	Encyclopedia	موسوعة
Encyclopédique	Encyclopediac	موسوعي
Engagement	Engagement	التزام
Engendrer	Engender/create	أنشأ
Énoncé	Statement/expression	ملفوظ

Énonciateur	Enunciated	لافظ
Énonciatif	Enunciative	أدائي
Énonciation	Enunciation	أداء
Entité (= item)	Entity	كيان
Énumératian	Enumeration	تعداد
Environnement	Environment	محيط
Épiglatte	Epiglottis	لسان المزمار
Épigraphe	Epigraph	نقيشة
Épigraphie	Epigraphy	نقوشية
Épistémologie	Epistymology	أصولية
Épilthète	Epithet	خصيصة
Équation	Equation	معادلة
Équilibre	Balanced	توازن
Équivalence	Equivalence	تكافئ
Équivalent	Equivalent	متكافئ
Équivoque (adj.)	Equivocal	ملتبس
Équivoque (n.)	Equivocation	التباس
Eskimo (=Esqwimau)	Eskimoan	الاسكمية
Ésotérique	Esoteric	مكنون
Espace	Space	مكان
Espagnol	Spanish	الأسبانية
Espèce	Hreed/kind	فصيلة
Espéranto	Esperanto	الأسبيرنتو
Esprit	Esprit	ذهن
Essai	Trial, test	محاولة
Essence du langage	Language essence	ماهية اللغة

Esthétique (adj.)	Esthetic	جمالي
Esthétique (n.)	The esthetic	جمالية
Estimatif	Estimative	تقديري
Ethiopien	Ethiopian	الأثيوبية
Étymologique	Etymological	تأثيلي
Évaluatif	Evaluative	تثميني
Évaluation	Evaluation	تثمين
Évident	Evident	بديهي
Évocateur	Evocative	استحضاري
Évocation	Evocation	استحضار
Évolutif	Evolutionary	تطوري
Évolution	Evolution	تطور
Évolutionnisme	Evolutionism	تطورية
Exagération	Exaggeration	شطط
Exception	Exception	استثناء
Exclamatif	Exclamative	تعجبي
Exclamation	Exclamation	تعجب
Exclusif	Exclusive	اقصائي
Exclusif (rapport)	Exclusive	عازلة (علاقة)
Exclusion	Exclusion	عزل
Exécution	Execution	تنفيذ
Exégèse	Exegesis	تفسير
Exemple	Example	مثل
Exercice de la faculté	Faulty practice	ارتياض الملكة
Exercice linquistique	Linguistic exercise	تدرب لغوي
Exhaustif	Exhaustive	استقصائي
Exhaustivité	Exhaustively	استقصاء
Existence intellectuelle	Intellectual existence	وجود عقلي

Existence réelle	Real existence	وجود حقيقي
Existence snesible	Sensible existence	وجود حسي
Existentiel	existential	وجودي
Exocentrique	Exocentric	استخراجي
Expansif	Expansion	انتشاري
Expansion	Expansion	انتشار
Expectatif	Expectative	توقعي
Expectation	Expectation	توقع
Expérience	Experience	تجربة
Expérimental	Experimental	تجريبي
Explication	Explication	شرح
Explicite	Explicit	صريح /مظهر
Exploitation	Exploitation	استغلال
Explosif	Explosive	انفجاري
Explosion	Explosion	انفجار
Expressif	Expressive	تعبيري
Expression	Expression	تعبير
Expression commune	Common expression	تعبير شائع
Expression simple	Simple expression	تعبير بسيط
Extensif	Extensive	اتساعي
Extension analytique	Analytical extension	امتداد تحليلي
Extension métaphorique	Metaphorical extension	اتساع مجازي
Extérieur	Exterior	خارجي
Extraction	Extraction	استخراج
Extra-linguistique	Extralinguistic	مجاوز لساني

F

Facteur	Factor	عامل
Factif (= translatif)	Factive	صيروري
Pactitif	Factitive	معدى الى مفعولين
Factuel	Factual	عواملي
Facultatif	Facultative	اختياري
Faible	feable	ضعيف
Faisceau	Bundle	حزمة
Fait	Done	حادث
Fait (n.)	Fact	واقعة
Fait (= acte)	All, event	حدث
Fait de langue	Out of language	حدث اللغة
Fait de la parole	Out of speech	حدث الكلام
Fait langagier	Language act	حدث لغوي
Fait linguistique	Linguistic act	حدث لساني
Familiarisation linguistique	Linguistic familiarization	مؤالفة لغوية
Familier	Familiar	مألوفة
Famille articulataire	Articulatomy family	فصيلة مقطعية
Famille linguistique	Linguistic family	أسرة لغوية
Paseination linguistique	Linguistic fascination	انبهار لغوي
Fatal	Fatal	صحي
Faucal (= vélaire)	Velar	لهوي
Fausset (voixde)	Lack of musical sense	صوت مستحد
Faute	Fault	خطأ

Feed-back (=retroaction)	Feedback	استرجاع
Femelle	Female	تأنيثي
Feminin	Feminine	مؤنث
Fictif	Fictive	تخيلي
Fiction	Fiction	تخيل
Figure rhétorique	Rhetoric figure	صورة بلاغية
Final	Final	ختامي
Flexibilité	Flexibility	طواعية
Flexion	Flexion	اعراب
Fonction textuelle	Textual function	؟
Fonctionnalisme	Functionalism	وظيفية
Fonctionnel	Functional	وظيفي
Fondamental	Fundamental	اساسي
Fondement	Basis	أس
Fondements théorique	Theoretical fundamentals	أصول مبدئية
Force	Force	قوة
Force de cohésion	Cohesion force	اعتماد
Formalisation	Formalisation	تشكيل
Formalisme	Formalise	شكلية
Formaliste	Formalist	شكلاني
Formation	Formation	تكوين
Formation terminologique	Terminology formation	وضع المصطلحات
Forme	Form	شكل
Forme (= contenu)	Shape	مبنى(=/معنى)
Forme (= substance)	Substance/essence	صورة (=/ جوهر)

61

Forme de base	Base form	صيغة مجردة
Forme fondamentale	Fundamental form	شكل أساسي
Forme libre	Free form	صيغة حرة
Forme liée	Limited form	صيغة مقيدة
Forme supérieure	Superior form	الشكل الاسمي
Forme verbale	Verbal formal	صيغة الفعل
Formel	Formal	شكلي
Fonction métalinguistique	Melalinguistic function	وظيفة انعكاسية
Fonction phatique	Phatic function	وظيفة انتباهية
Fonction poètique	Poetic function	وظيفة انشائية
Fonction prédominante	Predominant function	وظيفة غالبة
Fonction sémantique	Semantic function	وظيفة دلالية
Fonction référentielle	Referential function	وظيفة مرجعية
Fonction sociale	Social function	وظيفة اجتماعية
Fonction syntaxique	Syntactic function	وظيفة نحوية
Formulation	Formulation	صوغ
Formule	Formula	صياغة
Fort	Strong	قوي
Fosses nasales	Nasal cavity	تجويف الأنف
Facture (= brisure)	Fracture	كسره
Français	French	الفرنسية
Franchissement	Crossing, passing	اختراق
Francien	French	الفرنجية
Francique	Frankish	الفرنكية

Fréquence	Frequency	تواتر
Fréquentatif	Frequent	تكراري
Fricatif	Fricative	احتكاكي
Friction	Friction	احتكاك
Frontière (=joncture)	Juncture	مفصل
Frontières dialectales	Dialectical boundaries	حدود لهجية
Frottement acoustique	Acoustic rubbing	حفيف سمعي
Furtif	Stealthy, sly	مختلس
Fusion	Fusion	انصهار
Fusionnant (=flexiannel)	Inflectional	اعرابي
Futilité	Fulility	لغو
Futur	Future	مستقبل
Futur continu	Continuos future	مستقبل متصل
Futur estimatif	Estimative future	مستقبل تقديري
Futurisme	Futurism	مستقبلية
Futuriste	Futurist	مستقبلي

G

Galla	Galic	الجالية
Gallicisme	Gallicism	مسكوكة فرنسية
Gallois	Welsh, pertaining welsh	الغالية
Gaulois	Galic	الغولية
Gazeux	Gazeaus	غازي
Gazouillis	Babbling	ثغثغة
Gémination	Gemination	تضعيف
Géminé	Twin, mixed	مضعف
Gencive	Gum	لثة
Gencives	Gums	لثات
Gène	Gene	مورثة
Généalogie	Geneology	سلالية
Généalogique	Genealogical	سلالي
Général	General	عام
Généralise	Generalized	معمم
Généralité	Generality	عمومية
Générateur	Generator	مولد
Génératif	Generative	توليدي
Générer	Generate	ولد
Générique	Generic	جنسي
Genèse	Genesis	نشأة
Génétique (adj.)	Genetic	تكويني
Génétique (n.)	Genetic	تكوينية

Génitif	Genitive	اضافة
Génitif objectif	Objective genitive	اضافة المصدر الى مفعوله
Génitif subjectif	Subjective genitive	اضافة المصدر الى فاعله
Genre	Genre	جنس
Genres littéraires	Literary genres	أجناس أربية
Géographie linguistique	Linguistic geography	جغرافية لغوية
Germanique	Germanic	الجرمانية
Gérondif	Gerundive	صيغة الحالية
Glide (= semi-voyelle)	Semi-vowels	نصف حركة
Glides	Glides	حروف العلة
Glottal	Glottal	مزماري
Gnomique	Gnomic	مطلق القيمة
Gnosticisme	Gnosticism	عرفانية
Gnostique	Gnostic	عرفاني
Gotique	Gothic	القوطية
Gouverner (= régir)	Govern	حكم
Gradation ascendante	Ascendant gradation	تدرج تصاعدي
Gradation rhétorique	Rhetoric gradation	تدريج بلاغي
Graduel	Gradual	تدرجي
Grammaire	Grammar	نحو
Grammaire contrastive	Contrastive grammar	نحو تقابلي
Grammaire de cas	Case grammar	نحو اعرابي
Grammaire descriptive	Descriptive grammar	نحو وصفي
Grammaire générative	Generative grammar	نحو توليدي

Grammaire normative	Normative grammar	نحو معياري
Grammaire historique	Historical grammar	نحو تاريخي
Grammaire particulière	Particular grammar	نحو خاص
Grammaire universelle	Universal grammar	نحو عام
Grammatical	Grammatical	نحوي
Grammaticalité	Grammaticality	نحوية
Grammaticalisation	Grammaticulization	انتحاء
Grammaticalité de la phrase	Phrase grammaticality	نحوية الجملة
Grammaticalité du discours	Discourse grammaticality	نحوية الخطاب
Graphie	Writing	خط
Graphique	Graphic	خطي
Graphologie	Graphology	خطاطة
Graphologique	Graphological	خطاطي
Grec	Greek	اليونانية
Groupe	Group	تركيبة
Guttural (= vélaire)	Velar	لهوي/حلقية

H

Habitude	Habit	عادة
Habituel	Habitual	اعتيادي
Haitien	Haitian	الهايتية
Harmonie	Harmony	تناغم
Harmonie imitative	Harmony imitation	محاكاة صوتية
Harmonie phonétique	Phonetic hormony	انسجام صوتي
Harmonie vocalique	Voculic harmory	تناغم حركي
Harmonique	Harmonic	متناغم
Harmonisation	Harmonization	تناسق
Hasard	Hazard	اتفاق
Haut	Lofty, high	مستعل
Hauteur	Elevation, height	ارتفاع
Hébreu	Hebrew	العبرية
Helénistique	Helenistic	الاغريقية
Hémistiche	Hemistich	مصراع
Hermétique	Hermatic	ابهامي
Hermétisme	Hermiticism	ابهامية
Hétéroclite	Irregular	غير قياسي
Hétérogène	Hetroganeous	متغير الجنس
Heuristique (adj.)	Heuristic (adj.)	استكشافي
Heuristique (n.)	Heuristic (n.)	استكشافية
Hiérarchie	Hierarchy	تتبع/ مراتب
Hiérarchique	Hierarchical	رتبي /تدرجي

Hiéroglyphe	Hieroglophic	هيروغليفي
Hindoustani	Hindustani	الهندستانية
Histoire	History	تاريخ
Historicité du langage	Historicity of language	تاريخ اللغة
Historique	Historic	تاريخي
Homéonyme	Homonym	مرادف نسبي
Homogénéité	Homogeniety	انسجام
Homonyme	Homonymic	مجانس
Homonymie	Homonying	تجانس
Homophone	Homophone	جنيس صوتي
Homophonie	Homophony	جناس صوتي
Hongrois	Hungarian	المجرية
Honorifique	Honorary	تبجيلي
Horizontal	Horizontal	افقي
Humain	Human	انسي
Hybride	Hybrid	هجين(الكلمة)
Hyoïde	Hyoid	لامي
Hypallage	Hypallage	مجاز تعاوضي
Hyperbole	Hyperbole	مغالاة /المبالغة
Hypercorrection	Hyper-correction	لحن اشتقاقي(الحذلقة)
Hyperurbanisme	Hyper-urbanism	تفاصح حضري
Hypostase	Hypostatic	تقنيم
Hypotaxe	Hypotaxis	ربط نسقي (بالأدوات)
Hypothèse	Hypothesis	فرضية
Hypothètic-déductif	Hypothetical-deductive	فرضي استنتاجي
Hypothètique	Hypothetical	افتراضي

I

Ibérique	**Iberian**	**الايبرية**
Icône	**Icon**	**مطابق**
Icônique	**Iconic**	**تصويري**
Ictus métrique	**Metric stroke**	**نوبة عروضية**
Idéation	**Ideation**	**أستذهان**
Idée	**Idea**	**فكرة**
Identificateur	**Identificator**	**ضابط الهوية**
Identification linguistique	**Linguistic identification**	**ضبط لغوي**
Identification semantique	**Linguistic identification**	**تطابق دلالي**
Identique	**Identical**	**مشابه**
Identité	**Identity**	**هوية**
Idéogrammatique	**ideogrammatical**	**تصويري**
Idéogramme	**Ideogram**	**رسم دلالي**
Idéographie	**Ideograph**	**كتابة تصويرية**
Idéographique (écriture)	**Ideographic**	**تصويري (خط)**
Idiographie	**Ideography**	**خط نوعي**
Idiolecte	**Idiolect**	**نمط فردي / لهجة فردية**
Idiomatique	**Idiomatic**	**عرفي**
Idiomatique (expression)	**Idiomatic**	**جاهز (تعبير)**
Idiome	**Idiom**	**لهجة فرعية**
Idime	**idiom**	**عرف لغوي**
Idiosyncrasie	**Idiosyncracy**	**قياس مزاجي**

Idiotisme	Idion, idoratic expression	خصيصة
Illocutionnaire	Illocutionary	تحقيقي
Image	Image	صورة
Imaginaire	Imaginary	خيالي
Imaginatif	Imaginative	خيال
Imagination	Imagination	خيال
Imitatif	Imitative	محاك
Immanence	Immanence	محاثية
Immanent	Immanent	محايث
Immédiat	Immediate	حضوري
Impératif (adj.)	Imperative (adj.)	اقتضائي
Impératif (n.)	Imperative (n.)	امر
Imperfectif (verbe)	Imperfective (verb)	صائر (فعل)
Implication	implication	استلزام
Implicite	Implicit	ضمني
Implosif	Implosive	ارتخائي
Implosif	Implosive	حاجز
Implasive (consonne)	Implosive (consonant)	ابتلاعي (حرف)
Impossibilité	Impossibility	تعذر
Impossible	Impossible	متعذر
Impressif	Impressive	ارتسامي
Impression	Impression	ارتسام
Impuissance	Impotence	عجز
Impulsif	Implosive	اندفاعي
Impulsion	Implosion	اندفاع
Impulsion de l'air	Air impulse	دفع الهواء

70

Impur	Impure, polluted	كدر
Impureté	Impurity	كدورة
Inabordable	In accessible	مستعص
Inabsentia (rapports)	In absentics	غيابية (علاقات)
Inaccentué	Unstressed	غير منبر
Inacceptabilité	Unacceptability	لامقبولية
Inacceptable	Unacceptable	غير مقبول
Inaccessible	Inaccessible	ممتنع
Inaccompli (= imperfectif)	Unaccomplished	صائر
Inachevé	Unfinished	مبتور
Inaliénable (possesion)	Inalienable	ملكية حتمية
Inanimé	Inanimate	جامد
Inarticulé	Inarticulate	لاتلفظي
Inchoatif	Inchaotive	استهلالي
Incidente	Subordinate	أعتراضية
Incise (= incidente)	Incidental clause	اعتراضية
Incisive	Incisive	ثنية
Incisives inférieures	Inferior incisives	ثنايا سفلى
Incisives supérieures	Superior incisives	ثنايا عليا
Inclusif	Inclusive	استيعابي
Inclusion	Inclusion	تضمن
Incompatibilité	Incompatibility	تنافر
Incompatible	In compatible	متنافر
Incomplet	In complete	منقوص
Inconditonné	Unconditioned	غير مقيد
Indéclinable	Indeclinable	غير معرب

Indéfini	Indefinite	نكرة
Indépendence	Independence	استقلال
Indépendent	Independent	مستقل
Indéterminé	Indeterminate	مبهم
Indétermination	Indetermination	
Index	Index	ثبت
Indexation	Indexation	فهرسة
Indicateur	Indicator	مؤشر
Indicatif	Indicative	اشاري
Indicatif (mode)	Indicative (mode)	صيغة الفعل
Indicative (fonction)	Indicative (function)	تعينية (وظيفة)
Indien	Indian	الهندية
Indirect	Indirect	غير مباشر
Individualiste	Individualist	تفردي
Individuel	Individual	فردي
Indivisibilité	Indivisibility	لاتجزؤ
Indivisible	Indivisible	لامتجزئ
Indo-aryen	Indo-arian	الهندوارية
Indo-européen	Indo-european	الهندوأوربية
Inhérent	Inferent	لصيق
Inintelligible	Unintelligible	مستغلق
Initial	Initial	بدئي
Initiale (n.)	Initial	بدئية
Injonctive (fonction)	Function	اقتضائية (وظيفة)
Injonctive (=impérative)	Imperative	طلبية
Injure	Insult	ثلب

Inné	Innate	فطري
Innéisme	Inn	فطرانية
Input	Input	حاصل
Inscripteur	Registered	مدون
Inscription	Registration	تدوين
Insertion	Insertion	ادراج
Insistance	Insistence	تاكيد
Inspiration	Inspiration	الهام
Inspiration	Inspiration	شهيق
Instable	Unstable	متقلب
Instance	Instance	تجرى
Instances du discours	Discourse instances	مجاري الخطاب
Instantané	Instantaneous	حسيني
Instantanéité	In stantaneousness	حسينية
Instinctif	Instinctive	غريزي
Institution	Institution	مؤسسة
Institution législative	Legislative institution	مؤسسة تشريعية
Institution sociale	Social institution	مؤسسة اجتماعية
Instruction	instruction	توجيه
Indo-iranien	Indo-Iranian	الهندوايرانية
Indonésien	Indonesian	الأندونيسية
Inductif	Inductive	استقرائي
Induction	inductive	استقراء
Inextricable	Inextricable	لاانفصامي
Infini (aspect)	Infinite	لامحدود (مظهر)
Infinitif	Infinitive	صيغة الحدث

Infixation	**Infixation**	**ادخال**
Infixe	**Infix**	**داخلة**
Infixes	**Infixes**	**دواخل**
Inflexion	**Inflection**	**امالة**
Influence réciproque	**Reciprocal influence**	**تاثير متبادل**
Informant	**Informant**	**مخبر**
Informatif	**Informative**	**اخباري**
Information (n.)	**Information**	**خبر**
Information (sub.)	**Information**	**أخبار**
Infrastructure	**Infrastructure**	**بنية سفلى**
Ingressif (= inchoatif)	**Inchaotive**	**استهلالي**
Instrumental (adj.)	**Instrumental**	**اداتي**
Instrumental (n.)	**Instrumental**	**مفعول الوسيلة**
Intégratif	**Integrative**	**اندماجي**
Intégration	**Integration**	**اندماج**
Intégration phonologique	**Phonological integration**	**اندماج صوتي**
Intellect	**Intellect**	**عقل**
Intellectuel (adj.)	**Intellectual**	**فكري**
Intelligence	**Intelligence**	**ذكاء**
Intelligibilité	**Intelligibility**	**معقولية**
Intelligible	**Intelligible**	**معقول**
Intense (syllabe)	**Intense**	**مكثف (مقطع)**
Intensif	**Intensive**	**كثيف**
Intensif (= marqué)	**Intensive**	**موسوم**
Intensification	**Intensification**	**تكثيف**
Intensité	**Intensity**	**كثافة**

Intensité	Intensity	شدة
Intensité sonore	Sonorous intensity	شدة صوتية
Intention	Intention, purpose	قصد
Intentionnalité	Intentionality	قصدية
Intentionnel	Intentional	قصدي
Intéraction	Interaction	تفاعل
Intéraction circulaire	Circular interaction	تفاعل دائري
Interattraction	Interaltration	تجاذب
Intercalée	Intercalated	معترضة
Inter-communication	Intercommunication	يواصل
Intercompréhension	Intercomprehension	تفاهم
Interconnexions	Interconnections	ترابطات
Interdental	Interdental	لثوي /بين الاسنان
Interdépendance	Interdependence	تعاظل
Inter-disciplinaire	Interdisciplinary	ممتزج المعارف
Inter-disciplinarite	Interdisciplinarity	تمازج المعارف
Interférence	Interference	تداخل
Interférence linguistique	Linguistic interference	تداخل لغوي
Interfonctionnel	Interfunctional	وظيفي تناوبي
Intérieur	Interior	داخلي
Interjection	Interjection	اداة تعجب
Interlangue	interlanguage	لغة اصطناعية
Interlocuteur	Interlocuter	محادث
Interpretation	interpretation	تاويل
Interpretation sémantique	Semantic interpretation	تأويل مدلولي
Interrogatif	Interrogative	استفهامي

75

Interrogation	Interrogation	استفهام
Interrogative (phrase)	Interrogative	استفهامية (جملة)
Interruption	Interruption	قطع
Intersubjectif	Intersubjective	ذاتي مشترك
Intertextuel	Intertextual	متناص
Interversion (=antimétathèse)	inversion	قلب تناظري
Interversion (=métathèse)	Transposition	تبادل
Intervocalique	Intervocale	بين حركتين
Intonation	Intonation	نبرة / ايقاع
Intonationnel	Intenational	تنبيري
Intoxication (=contamination)	Intoxication/poisoning	عدوى
Intralingual (= paraphrastique)	Intralingual	ترديدي
Intransitif (verbe)	Intransitive verb	لازم (فعل)
Introspection	Introspection	استبطان
Introversion	Introversion	انطواء
Introverti	Introverted	انطوائي
Intuition	Intuition	حدس
Invariable	Invariable	مبني /غير متغير / دائم
Invariance	Invariance	قرار
Invention	Invention	ابتكار
Inverse	Inverse/opposite	عكسي
Inverses (dictionnaire)	Opposites	عكسي (قاموس)
Inverse (verbe)	Inverse	متعد ولازم (فعل)
Inversif (affixe)	Inversive	تضديدية(زائدة)

Inversion (=hyperbate)	Inversion	تقديم وتاخير
Inversive (langue)	Inversive	تقلبية (لغة)
Inverti (=retroflexe)	Invert	التوائي
Ionien	Ionien	الايونية
Iranien	Iranian	الايرانية
Irlandais	Irish	الايرلندية
Ironique	Ironic	تهكمي
Irrationnel	Irrational	لامعقول
Irréductible	Irreducible	لامنتزع
Irréel	Unreal	وهمي
Irrégulier	Irregular	شاذ
Irrégulière (forme)	Irregular	غير قياسية (صيغة)
Irreversible	Irreversible	لاتراجعي
Isolation	Isolation	عزل
Italien	Italian	الايطالية
Item	Item	كيان

J

Japonais	Japanese	اليابانية
Jargon	Jargon	رطانة (اللغة الخاصة)
Jointure	Joint	مفصل
Jonction	Junction	لحام
Joncture (= jointure)	Juncture	مفصل (الوقفة)
Juxtaposé	Juxtaposed	مجاور
Juxtaposition	Juxtaposition	تجاور

K

Kabyle	Kabul	القبيلية
Kernel (=khmaer)	Kernel	نواة
Kinème	Kineme	حركة (الجسد)
Kinésique (=paralangage)	Kinesics	ايمائية
Koiné hellenistique	koine	اليونانية المشتركة
Kurde	Kurdish	الكردية
Kymographe	Kymograph	راسم الصوت(الكيموكراف)
Kymographie	Kymography	رسم صوتي

L

Labial	Labial	شفوي
Labialisation	Labialisation	تشفيه
Labialisé	Labialised	مشفه
Labialité	Labiality	شفوية
Labio-dental	Labio-dental	شفوي أسناني
Labiopalatal	Labio-palatal	شفوي غاري
Labia-vélaire	Labio-vela	شفوي طبقي
Labiovélairisation	Labio-velarisation	تشفيه طبقي
Laboratoire	Laboratory	مخبر
Labyrinthe	Labyrinth	متاهة
Lâche	Loose	أرتخائي
Langage	Language	لغة
Langage de programmation	Language of programming	لغة البرمجة
Langage sémiotique	Semiotic language	لغة علامية
Langage-source	Source-language	لغة المصدر
Langue	tongue	لسان
Langue agglamérante	Agglomerated language	لغة اندماجية
Langue agglutinante	Agglutinative language	لغة التصاقية
Langue amalgamante	Amalgamated language	لغة اشتقاقية
Langue analogous	Analogous language	لغة نظامية
Langue analytique	Analytic language	لغة تحليلية
Langue ancienne	Ancient language	لغة قديمة

Langue artificielle	Artificial language	لغة اصطناعية
Langue atomique	Atomic language	لغة ثابتة الجذور
Langue auxiliaire	Auxiliary language	لغة واسطة
Langue-cible	Target language	لغة المنصب
Langue classique	Classical language	لغة عتيقة
Langue commune	Common language	لغة مشتركة
Langue de base	Base language	لغة اساسية
Langue flexionnelle	Inflectioned	لغة اعرابية
Latin	Latin	اللاتينية
Laudatif	Lauding/laudatory	تقريظي
Lautverschiebung (=mutation)	Mutation	انقلاب
Laxité	Laxity	رخاوة
Légendaire	Lengendany	خرافي
Légende	Legend	خرافة
Lénition	Lenition	تخفيف
Lent	Slow	بطيء
Lettre	Letter	حرف
Lettre	Letter	حرف صوتي
Lettre débile	Weall letter	حرف علة
Lèvre	Lip	شفة
Lexème	Lexeme	مأصل
Lexèmes	Lexemes	ماصل
Lexical	Lexical	معجمي
Lexicalisation	Lexicalisation	تعجيم
Lexicaliste	Lexicality	تعجيمي
Lexicographie	Lexicographeg	قاموسية

Lexicologie	Lexicology	معجمية
Lexico-statistique	Lexico-statistical	معجمية احصائية
Lexie	Word	كلمة
Lexique	Lexicon	رصيد
Liaison	Junction/linking	وصل
Liberté d'occurrence	Liberty of occurrence	حرية التوارد
Libre (style)	Free (style)	حر (أسلوب)
Libre (voyelle)	Free (vowel)	مطلقة (حركة)
Licence	Licence	تجوز
Lié	Tied, bound	مرتبط
Linéaire	Linear	خطي
Linéarité	Linearity	خطية
Lingua franca (=sabir)	Lingua-fronca	لغة مزيج
Lingual	lingual	ذولقي
Lingual (= intra-buccal)	Intra-buccal	لساني عضلي
Linguiste	Linguist	لساني
Linguistique (adj.)	Linguistic	لساني
Linguistique (n.)	Linguistics	لسانيات
Linguistique appliquée	Applied linguistics	لسانيات تطبيقية
Linguistique comparée	Comparative linguistics	لسانيات مقارنة
Linguistique contrastive	Contrastive linguistics	لسانيات تقابلية
Linguistique descriptive	Descriptive linguistics	لسانيات وصفية
Linguistique distributionnelle	Distributional linguistics	لسانيات توزيعية

Linguistique fonctionnelle	Functional linguistics	لسانيات وظيفية
Linguistique générale	General linguistics	لسانيات عامة
Linguistique générative	General linguistics	لسانيات توليدية
Linguistique géographique	Geographical	لسانيات جغرافية
Linguistique historique	Historical linguistics	لسانيات تاريخية
Linguistique structurale	Structural linguistics	لسانيات بنيوية
Linguistique théorique	Theoretical linguistics	لسانيات نظرية
Linguistique transformationnelle	Transformational linguistics	لسانيات تحويلية
Linguographie	Linguagraphy	رسم اللسان
Liquide	Liquid	مائع
Lisibilité	Lisibility	اقتراء
Listefermée	Closed list	قائمة مغلقة
Listeouverte	Open list	قائمة متفتحة
Litote	Litotis	تلطيف
Littéroure	Literary	ادبي
Littéral	Literal	فصيح
Littéral (arabe)	Standard	فصحى
Littérarite du texte	Literality of the text	ادبية النص
Littérature comparée	Comparative literature	ادب مقارن
Littérature courante	Current literature	ادب رائج
Local	Local	موضعي
Locatif	Locative	مفعول الموضع
Locuteur	Locuter	متحدث / متكلم

Locution	Phrase	عبارة
Logique (adj.)	Logical	منطقي
Logique (n.)	Logic	منطق
Logique analytique	Analytical logic	منطق تحليلي
Logique formelle	Formal logic	منطق صوري
Logistique (n.)	Logistic	منطق رياضي
Logogramme phonétique	Phonetic	رسم صوتي
Logogramme sémantique	Semantic	رسم دلالي
Logomachie	Logomachy	جدل لفظي
Loi d'ordre	Law of order	قانون ضابط
Loiphonetique	Phonetic law	قانون صوتي
Lois finies	Finite laws	قوانين متناهية
Lois fonctionnelles	Functional laws	قوانين دالية
Lois	Laws	
Lois linguistique	Linguistic law	قانون لغوي
Long	Long	طويل
Longue (voyelle)	Long (vowels)	طويلة (حركة)
Longueur	Length	طول
Louange	Praise	ثناء
Luette	Uvula	لهاة
Lyrique	Lyric	غنائي

M

Macédonien	**Macedonian**	**المامسيدونية**
Machine	**Machine**	**الة**
Mâchoire	**Jaw**	**فك**
Macrocontexte	**Macrocontext**	**سياق اكبر**
Marcrophonème	**Macrophoneme**	**صوتم اكبر**
Macroscopique	**Macroscopic**	**عياني**
Macrosegment	**Macrosegment**	**قطعة كبرى**
Macro-séquence	**Macro-sequence**	**وصلة كبرى**
Magnétoscope	**Magnetoscope**	**مسجل الصورة**
Majesté	**Majesty**	**فخامة**
Majeure	**Major**	**كبرى**
Malais (= malay)	**Malay**	**المالية**
Mâle	**Male**	**ذكر**
Malgache	**Malagasian**	**الملغاشية**
Maltais	**Maltese**	**المالطية**
Mande	**Said/anncunced**	**منطوق منجز**
Manifestation	**Manifestation**	**تجل**
Marginal	**Marginal**	**هامشي**
Marker	**Marker**	**واسم مفهومي**
Marker (synt.)	**Syntactic marker**	**واسم بنائي**
Marquant	**Outstanding/remarkable**	**محايز**
Marque	**Mark**	**سمة /علامة**
Marqué	**Marked**	**موسوم**

Marquer	To mark	وسم
Marquear (=marker)	Marker	واسم
Masculin	Masculine	مذكر
Masqué (discours)	Masked	مقنع (خطاب)
Masque	Mask	قناع
Masque des mots	Mask of words	قناع الألفاظ
Masse	Mass	كتلة
Massifs (noms)	Massive (nouns)	متكتلة (اسماء)
Massique (= massif)	Massive	متكتل
Maternel	Maternal	امومي
Maternelle (langue)	Maternal (language)	لغة الأمومة
Mathématique (adj.)	Mathematical	رياضي
Mathématiques	Mathematics	رياضيات
Matière	Material	مادة
Matrice	Matrix	مصفوفة / قالب
Matrice (phrase)	Matrix (sentence)	منوالية (جملة)
Mécanique (adj.)	Mechanic	الاني
Mécanique (n.)	Mechanics	الانية
Mécanisme du signe	Mechanism of sign	الانية العلامة
Mécanismes psychologiquesq	Psychological mechanisms	الانيات نفسية
Médian	Median	وسطي
Médiateur	Mediator	وسيط
Médiation	Medication	وساطة
Médiodorsal	Medio-dorsal	وسطي ظهري
Médiopalatal	Medio- palatal	وسطي حنكي
Méditation	Meditation	تأمل

Mélioratif	Meliorative	اطرائي
Mélioration	Melioration	اطراء
Mélodie	Melody	تناغم
Mélodie d'intonat	Melody of	
Mélodique	Melodic	تناغمي
Membre	Member	عضو
Mémoire	Memory	ذاكرة
Mémoire auditive	Auditory memory	ذاكرة سمعية
Mémoire intermédiaire	Intermediate/memory	ذاكرة وسطية
Mémoire interne	Internal memory	ذاكرة داخلية
Mémoire secodaire	Secondary memory	ذاكرة ثانوية
Mémoirisation	Memorization	استذكار
Mensonge	Lie	كذب
Mental	Mental	ذهني
Mentalisme	Mentalism	ذهنية
Mentaliste	Mentalist	ذهني
Message	Message	رسالة
Mesure métrique	Metric measurement	وزن
Métabole	Metabole	جمع الترادفات
Métamorphose	Metamorphosis	انسلاخ
Métaphonie	Mutation	تجانس
Métaphonie vocalique	Voculic mutation	تجانس حركي
Métaphore	Metaphor	مجاز /استعارة
Métastase	Metastasis	أنشأت
Métathèse	Metathesis	تبادل
Méthode	Method	منهج

87

Méthode comparative	Comparative method	منهج مقارن
Méthode empirique	Empirical method	منهج اختباري
Méthode descriptive	Descriptive method	منهج وصفي
Méthodique	Methodical	منهجي
Méthodologie	Methodology	منهجية
Méthodologique	Methodological	مناهجي
Métonymie	Metonymy	كناية
Mètre	Meter	بحر
Métriciens	Metricians	عروضيون
Métrique (adj.)	Metric	عروضي
Métrique (n.)	Metrics	عروض
Microcontexte	Microcontext	سياق اصغر
Microglossaire	Microglossary	كشف اصغر
Microphonème	Micro-phoneme	صوتم اصغر
Microscopique	Microscopic	مجهري
Microsegment	Micro-segment	قطعة صغرى
Micro-séquence	Micro-sequence	وصلة صغرى
Microstructure	Micro-structure	بنية صغرى
mi-fermé	Half-closed	نصف مغلق
Milieu de la langue	Middle of the tongue	وسط اللسان
Mimique	Mimic	محاكاة
Minimal	Minimal	ادنى
Minimale	Minimal	دنيا
Miroitant	Dazzling, glistening	نصف انسدادي
Mixte	Joint	مزيج
Mobile (adj.)	Morable	متحرك

88

Mobile (n.)	Motive power	دافع
Mobiles	Motive powers	دوافع
Modal	Modal	صوغي
Modalisation	Modalisation	تصوير
Modalité	Modality	صوغ
Mode (n.f.)	Fashion, form, manner	رائجة / نوع
Mode d'articulation	Manner of articulation	نوع التلفظ
Mode linguistique	Linguistic form	رائجة لغوية
Mode (n.m.)	Type	ضرب
Mode (= catégorie grammaticale)	Grammatical category	جنس الكلام
Mode (=modalisation)	Moddalisation	تصوير
Mode (= modalité)	Modality	صور
Modes d'articulation	Manners of articulation	صفات النطق
Modes des verbes	Verb forms	ضروب الافعال
Modèle	Pattern model	مثال
Modèle explicatif	Explicative explanatory model	مثال تفسيري
Modificateur	Modifactory	محور
Modofication	Modification	تحوير
Modifier	Modifier	حور
Modiste	Modist	صياغي
Moindre effort	The least effort	لجهود ادنى
Molaire	Molar	ضرس
Molaires	Molaries	اضراس
Moléculaire	Molecular	هبائي

Moment	Moment	وقت
Momentané	Momentary	متواقت
Mongol	Mongol	المنغولية
Monologuel	Monologue	مناجاة
Monophone	Monophone	وحيد الصوت
Monophonématique	Monophenometic	فريد الصوتية
Monosyllabe	Monosyllable	مقطع فريد
Monosyllabique	Monosyllabic	فريد المقطع
Monosystèmique	Monosystematic	متوحد الانظمة
Monotonisation	Monotonisation	مراتبة
Morphème	Morpheme	صيغم
Morphologie	Morphology	صيغمية
Morphologique	Morphological	صيغمي
Morphonème	Morphoneme	صرفم
Morphonologie	Morphonology	صرفمية
Morpho-phonologie (= morphonologie)	Morpho-phonology	صرفمية
Morphosyntaxe	Morphosyntaxt	تشاكلية
Morphosyntaxique	Morphosyntaxtic	تشاكلي
Mort	Dead	ميت
Mot	Word	لفظ / حكمة
Motif	Motive	باعث
Motifs	Motives	بواعث
Motivation	Motivation	حافز
Motivations	Motivations	حوافز
Motivé	Justified	معلل
Motivide	Empty word	لفظ مبهم

Mou	Soft	لين
Mouillé	Liquid	ملين
Mouillement (= mouillure)	Liquidity	تليين
Mouillure	Wetness	تليين
Mouvement	Movement	حركة
Moyen (ajd.)	Middle	متوسط
Moyen (n.)	Means	وسيطة
Moyen expressif	Expressive means	وسيلة تعبير
Muet (phonème)	Suite	صامت (صوتم)
Muet (son)	Mute	مغلق (صوت) / صامت
Multidimensionnel	Multidimensional	متعدد الابعاد
Multidisciplinaire	Multidisciplinary	متضافر المعارف
Multidisciplinarité	Multidisciplinarity	تضافر المعارف
Multilatéral	Multilateral	متعدد الاطراف
Multilingue	Multilingual	متعدد اللغات
Multilinguisme (= plurilinguistique)	Multilinguism	تعدد اللغات
Multiple	Multiple	متكاثر
Multiplicité	Multiplicity	تكاثر
Murmurer	To murmur	تمتم
Musical	Musical	موسيقي
Musicalité	Musicality	موسيقية
Mutation	Mutation	انقلاب
Mutablité	Mutability	تبادل / قابلية التغير
Mutilation	Mutilation	قطع
Mutilé	Maimed	منهوك
Myo-élasticité	Myoclasticity	تمطط عضلي

91

Myo-élastique	Myoclastic	متمطط عضلي
Myographe	Mygraph	راسم عضلي
Myographie	Mygraphy	رسم عضلي
Mythe	Myth	اسطورة
Mythologique	Mythologic	اسطوري

N

Narrateur	Narrator	راو
Narratif	Narrative	سردي
Narration	Narration	سرد
Narrativité	Narrativity	سردية
Narratologie	Naurratology	مسردية
Nasal	Nasal	خيشومي
Nasalisation	Nasalisation	اضفاء الخيشومية
Nasalisation	Nasalisation	ادغم بالغنة
Nasalisé	Nasalise	اغن
Nasalité	Nasality	غنة
Nasillement	Nasal pronunciation	خيشومية
Natif	Native	سليقي
Natif (locuteur)	Native (speaker)	بالمنشا (متحدث)
Nature	Nature	طبيعة
Nature (par)	Naturally	بالطبع
Naturel	Natural	طبيعي
Nébuleux (discours)	Obscure, vague, hazy	سديم (خطاب)
Nécessaire	Necessary	واجب
Néerlandais	Dutch	الهولندية
Négatif	Negative	سلبي
Négatif	Negative	منفي
Négation	Negation	نفي
Néo-grammairiens	New-grammarians	نحاة محدوثون

Néo-grec	New Greek	اليونانية الحديثة
Néologie	Neology	اصطلاحية
Néologie	Neology	وضع المصطلح
Néologique	Neologic	اصطلاحي
Néologique (science)	Neologies	علم المصطلح
Néologisme	Neologism	مبتكر / مولود في اللغة
Néologisme de forme	Neologism of form	مبتكر لفظي
Néologisme de sens	Neologism of meaning	مبتكر معنوي
Net	Net, clean	نقي
Netteté	Cleanness, neatness	نقاء
Neurolinguistique (adj.)	Neurolinguistic	لساني عصبي
Neuro linguistique (n.)	Neurolinguistics	لسانيات عصبية
Neurosémantique	Neurosemantic	عصبي دلالي
Neutralisable	Neutralisable	متحييد
Neutralisation	Neutralisation	تحييد
Neutralisation des oppositions	Neutralisation of oppositions	الغاء المتقابلات
Neutralisé	Neutralise	محيد
Neutre	Neuter	محايد
Nérrose	Neurotic	عصاب
Niveaux inférieurs	Inferior levels	مستويات دنيا
Niveaux supérieurs	Superior levels	مستويات عليا
Noble (langage)	Noble (language)	شريفة لغة
Nom	Noun	اسم
Nom commun	Common noun	اسم نكرة
Nom propre	Proper noun	اسم علم
Nombre	Number	عدد

Nombre fini	Finite number	عدد متناه
Nombre infini	Infinite number	عدد لامتناه
Nomenclature	Nomenclature	تثبت اصطلاحي
Nominal	Nominal	اسمي
Nominalisation	Nominalisation	تمحيض اسمي
Nominatif (adj.)	Nominative	عيني
Non-animé	Unanimate	جماد
Non-défini	Indefinite	غير معرف
Non-écrit	Unwritten	غير مكتوب
Non-emphatique	Non-emphatic	غير مفخم
Non-fonctionnel	Non-functional	غير وظيفي
Non-humain	Inhuman	غير بشري
Non-voisé	Unvoiced	غير مجهور
Normatif	Normative	معياري
Normalisation	Normalisation	تسوية
Normalisé	Normalise	مسوى
Norme	Norm	معيار
Normes générales	General	معايير عامة
Norvégien	Norwegian	النرفيجية
Notation	Notation	اعجام / ترقيم
Notionnel	Notional	مضموني
Nounation	Nuniation	تنوين
Nouvelle	Novel	اقصوصة
Noyau	Kernel	نواة
Noyau prédicatif	Predicative kernel	نواة اسنادية
Nu	Naked	عار

Nuance	Nuance	فارق
Nubien	Nubian	النوبية
Nucléaire	Nuclear	نووي
Nucléus	Nucleus	نواة الاساس/ محور التركيب
Numéral	Numeral	تعدادي

O

Objectif	Objective	مفعول المصدر
Objectif (génitif)	Genitive	اضافة المصدر الى مفعوله
Objectivation	Objectivation	توضيع
Objet	Object	موضوع
Objet (synt.)	Object	منظم محول
Objet (complément d'	Object	مفعول
Objet direct	Direct object	مفعول المتعدي
Objet indirect	Indirect object	مفعول بحرف الجر
Obligatoire	Obligatory	وجوبي
Oblique	Oblique	مائل
Obstacle	Obstacle	حاجز
Occlusif	Occlusive	شديد
Occlusif	Occlusive	انسدادي
Occlusion	Occlusion	شدة
Occlusion	Occlusion	انسداد
Occurent	Occurent	متوارد
Occurrence	Occurrence	توارد
Océanien	Oceanic	الاقيانية
Œsophage	Oesophagus	بلعوم
Onde	Wave	موجة
Ondulation	Waving	تموج
Ondulatoire	Lendulatory	تموجي
Onomastique	Onomastic	اسمائية

97

Ontologie	Ontology	انية
Ontologique	Ontological	اني
Opacité	Opacity	عتامة
Opaque	Opaque	عاتم
Opérant	Operant	فعول
Opérateur	Operator	انجازي
Opératif (temps)	Operative (time)	تحقيقي (زمن)
Opérationnel	Operational	اجرائي
Opératoire	Operative	فعال
Opinion	Opinion	راي
Opinion (verbes d'-)	Varbs of opinion	افعال الظن
Opposant	Opponent	مناوئ
Opposé	Opposite	مقابل
Oppositif	Oppositive	متقابل
Opposition	Oppositive	تقابل
Opposition accentuelle	Accentual opposition	تقابل نبري
Opposition graduelle	Gradual opposition	تقابل تدرجي
Oral	Oral	شفوي
Ordinal	Ordinal	رتبي
Ordre	Order	نسق
Ordres du discours	Order of discourse	انساق الخطاب
Ordre (verbes d'-)	Verbs of order	افعال الطلب
Ordre des mots	Order of words	ترتيب الالفاظ
Oreille extérieure	External ear	اذن خارجية
Oreille intérieure	Internal ear	اذن داخلية
Oreille moyenne	Middle ear	اذن وسطى

Organe	Organ	عضو
Organes de la phonation	Organs of	اعضاء التصويت
Organes de l'articulation	Organs of articulation	اعضاء النطق
Organicisme	Organism	عضوانية
Organique	Organic	عضوي
Organisation (n.a.)	Organisation	تنظيم
Organisation (sub.)	Organisation	انتظام
Organiser (s')	To organize	انتظم
Organisme	Organism	كيان عضوي
Orienté	Oriented	موجة
Orthographe	Orthography	رسم
Oscillographe	Oscillograph	راسم ذبذبي
Oubli	Oblivion, self-forgetfulness	نسيان
Output	Output	محصل
Ouvert	Overt	مفتوح
Ouverte (voyelle)	Open vowel	منفرجة (حركة)
Ouverture du larynx	Opening of larynx	فتحة المزمار
Ouverture maxima	Maximum opening	انفتاح أقصى
Ouverture minima	Minimum opening	انفتاح أدنى
Ouverture moyenne	Medium, middle, opening	انفتاح وسط
Oxymoron (=oxymore)	Oxymora	ضديدة
Oxyton	Oxytone	نبر ختامي

P

Pahlavi	Pahlavi	البهلوية
Paire	Pair	زوج
Paire corrélative	Correlative pair	زوج تلازمي
Paires minimales	Minimal pairs	ازواج دنيا
Paires opposés	Opposite pairs	ازواج متقابلة
Palais	Palate	حنك
Palais artificiel	Artificial palate	حنك اصطناعي
Palatal	Palatal	حنكي
Palatalisation	Palatalisation	تغوير
Palatalisé	Palatalised	مغور
Palatin	Palatine	غاري
Palato-alvéolaire	Palato-alveolar	اثوي حنكي
Palatogramme	Palatogram	رسم حنكي
Palatographie	Palatography	تحنيك
Palatographique	Platographic	تحنيكي
Palénotologie	Paleontology	احاثية
Palier	Level	مرتبة
Parabole	Parabola	خط بياني
Paradigmatique	Paradigmatic	جدولي
Paradigme	Paradigm	جدول / صيغة التصريف
Paradoxal	Paradoxical	مناقض
Paradox	Paradox	مناقضة
Paragrammatisme	Paragrammation	فقدان النظمية
Paragraphe	Paragraph	فقرة

Paralinguistique	Paralinguistic	ايمائي
Parallélisme	Parallelism	تواز
Paraphrase	Paraphrase	ترديد / تأويل
Paraphrastique	Paraphrastic	ترديدي
Parasite (son)	Parasite	طفيلي (صوت)
Parasynthétique (mot)	Parasynthetic	زوائدي (لفظ)
Parataxe (=juxtaposition)	Juxtaposition	تجاور
Parenté	Kinship	قرابة
Parenthèses	Parenthesis	قوسان
Parenthétisation	Parenthetisation	تقويس
Parfait (= accompli)	Perfect	منجز
Parisyllabique	Parisyllabic	متساوي المقاطع
Parlé	Spoken	منطوق
Parler (v.)	To speak, to talk	تكلم
Parler (n.)	Speech, way of speaking	لهجة
Parleur (= locuteur)	Speaker, locuter	متحدث
Parole	Speech	كلام
Paronyme	Paronym	مجانس غير تام
Participant	Participant	مشارك
Participe (participial)	Participial	فاعل الحالية
Participe passé	Past participle	مصدر المفعولية
Participe présent	Present participle	مصدر الفاعلية
Participiale (transformation)	Transformation	فاعلي حالي (تحويل)
Particularité linguistique	Linguistic particularity	خصوصية لغوية
Particule	Particle	اداة

Partie	Part	جزء
Parties du discours	Parts of speech	اقسام الكلام
Partiel	Partial	جزئي
Partitif (adj.)	Partitive	تبعيضي
Passé	Past	ماض
Passif	Passive	مفعول
Passive (forme)	Passive form	صيغة القابلية
Passive (voix)	Passive voice	مبني للمجهول
Pastiche	Pasticle	معارضة
Pathologique	Pathological	مرضي
Patois	Dialect	لهجة ريفية
Patronyme	Surname	لقب ابوي
Pattern	Pattern	منوال
Pause	Pause	وقف
Pédagolinguistique(n.)	Pedagolingcuisties	لسانيات تربوية
Péjoratif	Pejirative	تهجيني
Péjoration	Pejoration	تهجين
Pensant	Thinking	مفكر
Pénultième	Penultimate	مقطع قبل الاخير
Perceptibilité	Perceptability	ادراكية
Perception globale	Global perception	ادراك جملي
Perception immédiate	Immediate perception	ادراك مباشر
Pérégrinisme	Peregrination	مقتبس
Perfectif (= accompli)	Perfective	منجز
Perfectum	Perfect	صيغة الانجاز
Performance	Performance	انجاز

Performatif	Performative	مناجز
Période	Period	دورة
Période	Period sentence	جملة دورية
Périodique	Periodic	ادواري
Périphrase (rhé.)	Periphrasis	تورية
Périphrase (sty.)	Periphrasis, periphrase	تعريض
Périphrase (synt.)	Periphrasis, periphrase	تعبير تحليلي
Périphrastique	Periphrastic	تعريضي
Permanence	Permanence	دوام
Permanent	Permanent	دائم
Permissif	Permissive	تجويزي
Permutable	Permutable	استعاضي
Permutatif	Permutative	تناوبي
Permutation (=alternance)	Permutation	تناوب
Permutation (=commutation)	Commutation	تعاوض
Permutation (=métathèse)	Metathese	تبادل
Permutations	Permutations	تقليبات
Persan	Persian	الفارسية
Persévération (=contamination)	Contamination	عدوى
Personnalisme	Personalism	شخصانية
Personne	Person	ضمير
Personne	Person	شخص
Personnel (mode)	Mode	مصرف (ضرب)
Personnel (pronom)	Pronoun	تصريفي (ضمير)

Personnification	Personification	تجسيم
Pertinence	Pertinence	افادة
Pertinent	Pertinent	مفيد
Pharynx	Pharynx	ادنى الحلق
Phénicien	Phenician	الفينيقية
Phénomène	Phencmercon	ظاهرة
Phénomène linguistique	Linguistic phenomenon	ظاهرة لغوية
Phénoménologie du langage	Phenomenology of language	ظواهرية اللغة
Phénoménologique	Phenomenological	ظواهري
Philologie comparative	Comparative philology	فقه اللغة المقارن
Philologique	Philological	فقه لغوي
Philosophie du langage	Philosophy of language	الفلسفة اللغوية
Phone (= son)	Sound	صوت
Phonème	Phoneme	صوتم
Phonème fermant	Closed phoneme	صوتم عالق
Phonème marginal	Marginal phoneme	صوتم هامشي
Phonème primaire	Primary phoneme	صوتم اساسي
Phonème secondaire	Secondary phoneme	صوتم ثانوي
Phonème segmental	Segmental phoneme	صوتم تقطيعي
Phonème suprasegmental	Suprasegmental phoneme	صوتم فوق المقطعي
Phonémique (=phonematique)	Phonemic	صواتمي
Phonéticien	Phonetician	اصواتي
Phonétique (adj.)	Phonetic	صوتي
Phonétique (n.)	Phonetics	صوتيان

Phonétique acoustique	Acoustic phonetics	صوتيات سمعية
Phonétique articulatoire	Articulatory phonetics	صوتيات نطقية
Phonétique combinatoire	Cominatory phonetics	صوتيات تعاملية
Phonétique descriptive	Descriptive phonetics	صوتيات وصفية
Phonétique diachronique	Experimental phonetics	صوتيات زمنية
Phonétique expérimentale	Diagronic phonetics	صوتيات تجريبية
Phonétique fonctionnelle	Functional phonetic	صوتيات وظيفية
Phonétique générale	General phonetics	صوتيات عامة
Phonétique historique	Historical phonetics	صوتيات تاريخية
Phonétique instrumentale	Instrumental phonetics	صوتيات الية
Phonétique normative	Normative phonetics	صوتيات معيارية
Phonique	Phonic	تصويتي
Phonographie	Phonoraghy	تسجيل الصوت
Phonologique	Phonological	صوتمي
Phonostylistique (adj.)	Phonostylistic	اسلوبي صوتي
Phonostylistique (n.)	Phonostylistics	اسلوبية صوتية
Phrase	Sentence	جملة
Phrase complétive	Completive sentence	جملة متممة
Phrase complexe	Complex sentence	جملة مركبة
Phrase conditionnelle	Conditional sentence	جملة شرطية
Phrase corrélative double	Double correlative sentence	جملة
Phrase énonciative	Enunciative sentence	جملة
Phrase nucléaire	Nuclear sentence	جملة

Phrase pure	Pure sentence	جملة
Phrase déclarative	Declarative sentence	جملة تقريرية
Phrase dérivé	Derived sentence	جملة مشتقة
Phrase elliptique	Elliptic sentence	جملة مختزلة
Phrase impérative	Imperative sentence	جملة طلبية
Phrase-matrice	Matrice sentence	جملة منوالية
Phrase nominale	Nominal sentence	جملة اسمية
Phrase-noyau	Nuclues sentence	جملة نواة
Phrase-noyau (=phrasenucléaire)	Nuclues sentence	جملة نووية
Phrase principale	Principal sentence	جملة اصيلة
Phrase simple	Simple sentence	جملة بسيطة
Phrase verbale	Verbal sentence	جملة فعلية
Phrase noyaux	Nuclues sentence	جمل نوى
Phraséologie	Phraseology	تركيب نوعي
Physiologie	Physiology	فسلجة
Physiologique	Physiological	فسلجي
Pied	Foot	رجل
Pitch	Pitch	مكاثفة
Place	Place	موضع
Plaisanterie	Joking	مزاح
Plan	Level, plane	مكانة
Pluralité (là)	Pluralilg	الجمع
Pluriel	Plural	جمع
Pluriel irrégulier	Irregular plural	جمع تكسير
Pluriel régulier	Regular plural	جمع سالم
Plurilingue (=multilingue)	Multilingual	متعدد اللغات

Plurisystème	Multisystem	تعدد النظام
Plurilinguisme	Multilingualism	تعدد اللغات
Poétique	Poetic, poetical	شعري
Poétique (adj.)	Poetic	انشائي
Poétique (n.)	Poetics	انشائية
Point	Point	نقطة
Point d'articulation	Point of articulation	مخرج
Point d'exclamation	Point of exclamation	نقطة تعجب
Point d'interrogation	Point of interrogation	نقطة استفهام
Points de suspension	Point of suspension	نقطة تتابع
Pointe de la langue	Point of the langue	طرف اللسان
Polarisation	Polarization	استقطاب
Polariser	To polarize	استقطب
Polonais	Polish	البولونية
Polyglotte	Polyglot	متعدد الالسنة
Polyglattisme	Polyglotism	تعدد الالسنة
Polysyllabe	Polysyllabic	متعدد المقاطع
Polysyllabique (=polysyllabe)	Polysyllabic	متعدد المقاطع
Polysystémique	Polysystematic	متعدد الانظمة
Ponctuation	Punctuation	تنقيط
Ponctuel (aspect)	Punctual	حوزي (مظهر)
Populaire (étymologie)	Popular, familiar	جمعي (اشتقاق)
Populaire (forme)	Popular, common	طبيعية (صيغة)
Populaire (usage)	Common	شعبي (استعمال)
Portée	Import	وقع

Porteur de sens	Bearer, carrier	حامل المعنى
Portugaus	Portuguese	البرتغالية
Posé	Steady, sober, sedate	مصرح
Positif	Positive	موجب
Position	Positive	موقع
Positivisme	Positivism	وضعية
Positiviste	Positivity	وضعي
Possesseur	Possessor	مالك
Possessif	Possessive	تملكي
Possession	Possession	تملك
Possibilité	Possibility	امكان
Possible	Possible	ممكن
Postalvéolaire	Postalveolar	لثوي حنكي
Postdorsal	Postdorsal	ظهري خلفي
Postérieur	Posterior	خلفي
Postiche (élément)	Positche (element)	احلالي (عنصر)
Postposition	Postposition	ارداف
Postulate	Postulate	مصادرة
Postulation	Postulation	تسليم
Post-vélaire	Post velar	لهوي خلفي
Potentialité	Potentiality	كمون
Potentiel	Potential	كامن
Poumon	Lung	رئة
Pourquoi (le)	Why, that's why	اللم
Pouvoir (n.)	Appeal	اقتدار
Pragmatique (adj.)	Pragmatic	ذرائعي

Pragmatique (n.)	Pragmatics	ذرائعية
Pratique (adj.)	Practical	عملي
Pratique (n.)	Practice	ممارسة
Précis	Precis	دقيق
Précision	Precision	دقة
Prédicat	Predicate	محمول
Prédicat	Predicate	مسند
Prédicatif	Predicative	حملي
Prédicatif	Predicative	اسنادي
Prédication	Predication	حمل
Prédictif	Predictive	استصعابي
Prédisposition	Predisposition	استعداد اولي
Prédominant	Predominant	غالب
Préfixation	Prefixation	اسباق
Préfixe	Prefix	سابقة
Préfixes autonomes	Autonomous prefix	سوابق مستقلة
Premier (sens)	Primary (meaning)	اولي (معنى)
Prémisses	Premises	مقدمات
Prépalatal	Prepalatal	نطعي
Prépositif	Prepositive	مسبوق بحرف
Préposition	Preposition	حرف معنى
Prépositions	Prepositions	حروف المعاني
Prépositionnel (=prepositif)	Prepositional	مسبوق بحرف
Prescriptif	Prescriptive	تقنيني
Présence d'une absence	Presence of an absance	شاهد عن غائب
Présence linguistique	Linguistic presence	حضور لغوي

109

Présent	Present	حاضر
Présentatif	Presentative	تقديمي
Présentation	Presentation	تقديم
Pression	Pressure	ضغط
Présupposé	Presuppose	مقرض
Présupposés du langage	Presuppositions of language	مفترضات اللغة
Présupposition	Presupposition	افتراض
Prétérit	Preterit	مضيء
Prétérition	Preterition	قول مراوغ
Pretexte	Praetexta	تعلة
Pré-texte	Pretext	نشوء النص
Prévisibilité	Previsibility	توقعية
Primaire	Primary	ابتدائي
Primitif	Primitive	بدائي
Principal	Principal	اساسي
Principe d'évidence	Principle of evidence	مبدا البداهة
Principe d'exhaustivité	Principle of evidence	مبدأ الاستقصاء
Principe méthodologique	Methodological principle	طريقة منهجية
Principe de normalisation	Normalization principle	مبدأ التسوية
Probabilisté	Probabilistic	احتملي
Probabilité	Probability	احتمال
Probable	Probable	محتمل
Problématique (adj.)	Problematic	اشكالي
Problématique (n.)	Problem	اشكال
Procédure	Procedure	توسل

110

Production	Production	انتاج
Productivité	Productivity	انتاجية
Profonde (structure)	Profound (structure)	عميقة (بنية)
Progressif	Progressive	متدرج
Projectif	Projective	اسقاطي
Projection	Projection	اسقاط
Prolongation	Prolongation, protraction	تمديد
Pronom	Pronoun	ضمير
Pronom démonstratif	Demonstrative pronoun	اسم اشارة
Pronom interrogatif	Interrogative pronoun	اسم استفهام
Pronom personnel	Personal pronoun	ضمير عيني
Pronom relatif	Relative pronoun	اسم موصول
Pronominal	Pronominal	ضميري
Pronominalisation	Pronominalisation	تضمير
Prononcé	Pronounced	مقول
Prononciation	Pronunciation	تلفظ
Proportion continue	Continuous proportion	تناسب متصل
Proportion discrète	Discrete proportion	تناسب منفصل
Proportion en extension	Extension proportion	تناسب ممتد
Proportion relative	Relative proportion	تناسب طردي
Proportionnel	Proportional	متناسب
Propos (synt.)	Talk, conversation	خبر
Proposition	Proposition	قول / جملة
Proposition	Proposition	جملة صغرى

Propre (nom)	Proper noun	اسم علم
Propriété caractérisique	Characteristic property	خاصية مميزة
Propiétés accidentelles	Accidental properties	خصائص عرضية
Prosodie	Prosody	نغمية
Prosodique	Prosodic	نغمي
Prototype	Prolotype	نموذج الاصل
Protracté	Protractile	مستطا
Protraction	Protraction	استطالة
Proverbe	Proverb	مثل
Proximité	Proximity	اشارة للقريب
Prussien	Prussian	البروسية
Pseudo-intransitif (=inverse)	Pseudo-intransitive	متعدد ولازم
Psychanalyse	Psychoanalysis	تحليل نفسي
Psychique	Psychic	نفساني
Psycho-acoustique (adj.)	Psycho-acoustic	نفسي سمعي
Psycho-acoustique (n.)	Psycho-acustics	سمعيات نفسية
Psychocritique	Psychocriticism	نقد نفساني
Psycholinguistique (adj.)	Psycholinguistic	لساني نفسي
Psycholinguistique (n.)	Psycholinguistics	لسانيات نفسية
Psychologique	Psychological	نفسي
Psychophonétique	Psychophonetics	صوتيات نفسية
Psychosémiologie	Psychosemiology	نظامية علامية
Psychosystématique (adj.)	Psycho-systematic	نظامي نفسي

Puissance	Power, force	قوة
Puissant	Powerful	قوي
Puissant (plus)	More powerful	اقوى
Punique	Punic	القرطاجنية
Purisme	Purism	صفوية

Q

Quadrangulaire (système vocalique)	Quadrangular/four-angled	رباعي (نظام حركي)
Qualificatif	Qualificative	نعت
Qualifié	Qualified	منعوت
Qualité	Quality	كيفية
Quantification	Quantification	تكميم / كمية
Quantifier	Quantifier	كمم
Quantitatif	Quantitative	كمي
Quantité	Quantity	كمية
Questionnaire	Questionnaire	استبانة
Quiproque	Misunderstanding	تلابس
Quolibet	Jeer/gibe	مراوغة ساذجة

R

Racine	Root	اصل –جذر
Racine	Root	جذر
Racine de la langue	Root of the longue	ارومة اللسان
Radical (n.)	Radical	اصلي
Radical (= uvulaire)	Radical	طبقي
Radix	Root	ارومة
Raison	Reason	عقل
Raison pure	Pure reason	عقل محض
Raisonnable	Reasonable	استدلالي
Raisonnement	Reasoning	استدلال
Raisonnement déductif	Deductive reasoning	استدلال استنتاجي
Raisonnement déductif	Inductive reasoning	استدلال استقرائي
Rang	Rank	مرتبة – رتبة
Rapidité	Speed/speediness	مسارعة
Rapport binaire	Binary rapport	علاقة ثنائية
Rapport de complémentarité	Complementary rapport	علاقة تكامل
Rapport d'implication	Implication rapport	علاقة استلزام
Rapport d'inclusion	Inclusion rapport	علاقة تضمن
Rapport d'insertion	Insertion rapport	علاقة اندراج
Rationalisation	Rationalization	عقلنة
Rationaliser	To rationalize	عقلن
Rationalisme	Rationalism	عقلانية

115

Rationnel	Rational	عقلاني
Réaction	Reaction	رد فعل
Realia	Realia	تمثيل بالصورة
Réalisation	Realization	احداث
Réalise	Realize	منجز
Réalisme	Realism	واقعية
Réalité extérieure	Exterior reality	واقع خارجي
Rébus	Rebus	تشكيل رمزي
Recatégorisation	Recategorization	تجنيس
Récepteur	Receiver	متقبل - متلقي
Réceptif	Receptive	التقاطي
Reception	Reception	تقبل
Réceptionnalisme	Receptionalism	استقبالية
Réceptivité	Receptivity	قابلية
Réciprocité	Reciprocity	تبادلية
Réciproque	Reciprocal	متبادل
Récit	Recital	رواية
Recognitif	Recognitive	اعترافي
Reconstruction	Reconstruction	ترسيس
Récursif	Recursive	ترددادي
Récursif (=éjectif)	Ejective	قذفي
Réduction	Reduction	تقليص
Réduplication	Reduplication	تكرار
Réel (adj.)	Real	حقيقي
Réel (n.)	Reality	واقع
Réfère	Refer	محال عليه

Référence	Reference	احالة – مرجع
Référent	Referent	مرجع
Référentiel	Referential	مرجعي
Réflechie (forme)	Reflexive	صيغة المطاوعة
Réflecteur	Reflecting	عاكس
Réflexif	Reflexive	انعكاسي
Réflexion	Reflection	روية
Réflexivite	Reflexivity	انعكاسية
Réforme	Reformation	تهذيب
Réformé	Reformed	مهذب
Reformulation (=paraphrase)	Reformulation	ترديد
Régime (grammatical)	Grammatical	معمول (نحوي)
Régional (dialecte)	Regional dialect	جهوية (لهجة)
Régir	To goven	حكم
Registre	Register	سجل
Règle	Rule	قاعدة
Règle alternante	Alternative rule	قاعدة مناوبة
Règle obligatoire	Obligatory rule	قاعدة ضرورية
Régressif	Regressive	رجعي
Regroupement	Regroupment	تجميع
Régularité	Regularity	اطراد
Regulier	Regular	مطرد
Rejet	Casting up ; setting aside	نبذ
Relâché (= lâche)	Relaxing	ارتخائي
Relâchement musculaire	Muscular looseness	ارتخاء عضلي

Relatif	Relative	تبيع
Relatif (critère)	Relative (criterion)	نسبي (مقياس)
Relatif (pronom)	Relative (noun)	موصول (اسم)
Relatif (syntagme)	Relative (syntagm)	مضاف (منظم)
Relation	Relation ratio	نسبة
Relation	Relation	علاقة
Relation	Relation	ارتباط
Relations constituantes	Constituent relations	نسبة مكونة
Relations structurales	Structural relations	نسب بنيوية
Relations structurelles	Structural relations	نسب بنائية
Relation verbale	Verbal relation	علاقة فعلية
Relationnel	relational	علائقي
Relationnisme	Relativism	علائقية
Relative (proposition)	Relative	موصولة (جملة)
Relativisation	Relativization	تعليق اتباعي
Relativité des normes	Relativity of norms	نسبة المعايير
Réminiscence	Reminiscence	هجس
Remémoration	Remomoration	تذكر
Renchérissement sémantique	Semantic escalation	تصعيد دلالي
Rendement fonctionnel	Functional output	مردود وظيفي
Renforcement	Reinforcement	تعزيز
Répétition	Repetition	اعادة
Repli	Fold	انعطاف
Réponse	Response	جواب

Réponse psychologique	Psychological response	استجابة نفسية
Représentant	Representative	ممثل
Représentation	Representation	تمثيل
Représentativité	Respresentativity	تمثيلية
Reproductibilité	Reproductivity	توليدية
Reproductible	Reproductive	متولد
Répulsion	Repulsion	منافرة
Réseau	Network	شبكة
Résonance	Resonance	رنين
Résonateur	Resonator	مدو
Respective (transformation)	Respective	تحويل على التوالي
Ressemblance	Resemblance	تشبه
Restrictif	Restrictive	حصري
Restiction du sens	Restriction of meaning	تخصيص المعنى
Résultante	Resultant	حصيلة
Rtention du son	Retention of sound	احتباس الصوت
Retenue de l'air	Restraint of air	حبس الهواء
Réticence	Reticence	اكتفاء
Rétraction	Retraction	استدراك
Rétrocation (= feed-back)	Feedback	استرجاع
Rétroflexe	Retroflex	التوائي
Rétrospectif	Retrospective	ارجاعي
Réunion	Reunion	اجتماع
Réversibilité	Reversibility	ارتداد
Réversible	Reversible	ارتدادي

119

Rewording (=reformulation)	Reformulation	ترديد
Rhétorique	Rhetoric	بلاغة
Rime	Rhyme	قافية
Roman	Roman	الرومنية
Roman	Novel	قصة
Romancier	Novelist	قصاص
Romanes (langues)	Roman	رومنية (لغات)
Romanesque	Novelistic	قصصي
Roumain	Romanian	الرومانية
Rupture	Rupture	انفصال
Ruse linguistique	Linguistic cunning	حيلة لغوية
Russe	Russian	الروسية
Rythme	Rhythm	ايقاع
Rythmique	Rhythmic	ايقاعي

S

Sagesse	Wisdom	حكمة
Sagesse éternelle	Eternal wisdom	حكمة ادبية
Sagesse suprême	Supreme wisdom	حكمة بالغة
Sagesse pratique	Practical wisdom	حكمة عملية
Sain	Healthy	صحيح
Saisie (n.)	Seizure	امساكة
Saisie-lexicale	Lexical seizure	امساكة لفظية
Samourien	Samurais	السامورية
Sanscrit (= sanskrit)	Sanskrit	السنسكريتية
Saturation (sty.)	Saturation	تشبع
Scandale (sty.)	Scandal	شناعة
Schéma	Scheme	نمط
Schéma	Diagram	رسم بياني
Schématisation	Schematization	تشكيل بياني
Schème (= pattern)	Pattern	منوال
Schème générateur	Generative pattern	قالب توليدي
Schème syntaxique	Syntactic pattern	قالب تركيبي
Schizophrénie	Schizophrenia	فصام
Science explicative	Explicative science	علم تفسيري
Sience normative	Normative science	علم معياري
Sientisme	Scientism	علمانية
Sientiste	Scientist	علماني
Scripteur	Scripture	خاط
Scriptural	Scriptural	كتابي

121

Secondaire	Secondary	ثانوي
Sécrétion	Secretion	افراز
Séducteur	Seductive	مغر
Segment	Segment	قطعة
Segmentdu discours	Segment of discourse	قطعة من الخطاب
Segment graphique	Segment of uniting	قطعة خطية
Segment minimal	Minimal segment	قطعة دنيا
Segment sonore	Vocal segment	قطعة صوتية
Segmental	Segmental	تقطيعي
Segmentation	Segmentation	تقطيع
Sélectif	Selective	انتقائي
Sélection	Selection	اختيار
Sélection naturelle	Natural selection	انتقاء طبيعي
Sémanalytique	Semanalytic	علامي دلالي
Sémantique (adj.)	Semantic	دلالي
Sémantique (n.)	Semantics	دلالية
Sémantisme	Semantism	مضمون دلالي
Sémasiologie	Semansiology	دالية
Sémasiologique	Semasiologic	دالي
Semblable	Similar	شبيه
Séméologie (=sémiologie)	Semiology	علامية
Semi-auxilaire	Semi auxilary	شبه وسيط
Seminal	Seminal	بذري
Sémiologique	Semiological	علامي
Sémioticiens	Semioticians	علاميون
Sémiotique (adj.)	Semiotic	سيميائي

Sémiotique (n.)	Semiotics	سيميائية
Sémitique	Semitism	السامية
Sémitique	Semitic	سامي
Semi-voyelle	Semivowel	نصف حركة
Sens	Sense	معنى
Sens commun	Common sense	معنى مشترك
Sens mécanique	Mechanical sense	معنى الي
Sensé	Sensible	محكم
Sensoriel	Sensorial	حسي
Sentiment linguistique	Linguistic sentiment	شعور لغوي
Sentimentalité	Sentimentality	وجدانية
Séparable (= isolable)	Separable	تفردي
Séparation	Separation	مفاصلة
Séquence	Sequence	وصلة
Séguentiel	Sequential	تسلسلي
Série	Series	سلسلة
Siamois	Siamese	السامية
Sifflant	Sibilant	صفيري
Sifflement	Whistling	تصفيري
Sigles	Siglas	فواتح
Sigmatisme (sty.)	Sigmatism	محاكاة صفيرية
Signal	Signal	اشارة
Signalétique	Descriptive	اشاري
Signalisation	Signalisation	تأشير
Signe	Sign	علامة
Signifiance	Significance	ادلال

123

Signifiant	Significant	دال
Significataire	Significatory	مدلول له
Significateur	Significator	مدل
Significatif	Significative	اعتباري
Signification	Signification	دلالة
Signifier	To signify	دل
Similitude	Smilitude	مشابهة
Simple	Simple	بسيط
Simplicité	Simplicity	بساطة
Simulation	Simulation	مخادعة
Simultané	Simultaneous	متواقت
Simultanée (traduction)	Simultaneous translation	فورية (ترجمة)
Simultanéité	Simultaneity	تواقت
Singulier	Singular	مفرد
Situation linguistique	Linguistic situation	وضع لغوي
Situationnel	Situational	ظرفي
Slave	Slav	السلافية
Slovaque	Slavonic	السلوفاكية
Sociabilité	Sociability	مؤانسة
Sociatif	So	مفعول المصاحبة
Sociolinguistique (adj.)	Sociolinguistic	لساني اجتماعي
Sociolinguistique (n.)	Sociolonguistics	لسانيات اجتماعية
Sociologie du langage	Sociology of language	اجتماعية اللغة
Soi-même	One-self	بذاته
Solécisme	Solecism	لحن
Solidarité	Solidarity	معاضدة

Sollicitation	Solicitation	استدراج
Sombre	Dull, dim	قاتم
Sommet	Summit	قمة
Son	Sound	صوت
Son idéal	Ideal sound	صوت مثالي
Sonagramme	Sonogram	رسم الصوت
Sonagraphe	Sonograph	راسم الصوت
Sonanté	Sonant	مصوت
Sonantisme	Sonority	صائتية
Senore	Sonorous	مجهور
Sonorisation	Sonorisation	تجهيز
Sonorité	Sonority	جهر
Sonorité du texte	Sonanty of the text	جرسية النص
Sotho	For	السوتية
Soudanais	Sudanese	السودانية
Soufflant (= fricatif)	Ficative	احتكاكي
Souffle	Breathing	نفس
Soupçon de voyelle	Shading the vowel	اشمام الحركة
Source	Source	مصدر
Sourd	Unvoiced, voiceless	مهموس
Sourd-muet	Deaf and dumb	اصم ابكم
Sourds-muets	Deaf and dumb	صم بكم
Sous-adresse	Subaddress	موطن فرعي
Sous-catégorie	Subcategory	صنف فرعي
Sous-catégorisation	Subcategorisation	تصنيف فرعي
Sous-code	Subcode	نمط فرعي

Sous-entendu	Stipulated, appointed	مقدر
Sous-famille	Subfamily	فصيلة قريبة
Sous-jacent	Unclaimed	مستتر
Sous-programme	Subprogramme	برنامج فرعي
Soutenu	Lofty	معضود
Soutenu (langue)	Lofty, dignified	منمقة (لغة)
Spatial	Spatial	مكاني
Spatio-temporel	Spatio-temporal	مكاني زمني
Spécificité	Specifity	نوعية
Spécifique	Specific	نوعي
Spectral	Spectral	طيفي
Spectre	Spectrum, specter	طيف
Spectre acoustique	Acoustic spectrum	طيف سمعي
Spectrogramme	Spectrogram	رسم الطيف
Spectrographe	Speitography	راسم الطيف
Spectromètre	Spectrometer	مقياس الطيف
Spéculatif	Speculative	تخميني
Spirante (consonne)	Spirant (word)	انسيابي (حرف)
Spiritualité	Spirituality	روحانية
Spirituel	Spiritual	روحاني
Standard	Standard	عيار
Statique	Static	سكوني
Statisme	Statism	سكوني
Statistique (adj.)	Statistical	احصائي
Statistique (n.)	Statistics	احصائية
Statut	Rule, regulation	قوام

Stéréotype	Stereotype	قالب مسكوك
Stéréotypé	Stereotyped	مقولب
Stéréotypé	Stereotype	مسكوكة
Stimuli	Stimuli	منبهات
Stimulus	Stimulus	منه
Strate	Stratum, layer	منضدة
Stratification	Stratification	تنضيد
Stratificationnaliste	Stratificationalist	منضد
Stratificationnel	Stratificational	تنضيدي
Stress	Stress	وقع
Strident	Strident	صريري
Stroboscope	Stroboscope	مقياس ذبذبي
Structural	Structural	بنيوي
Structuralisme	Structuralism	بنيوية
Structuralisme dynamique	Dynamic structuralism	بنيوية حركية
Structuralisme formel	Formal structuralism	بنيوية شكلية
Structuralisme mécanique	Mechanical structuralism	بنيوية الانية
Structuralisme statique	Dynamic structuralism	بنيوية سكونية
Structuraliste	Stracturalist	ينيوي
Structuraliste	Structuralisity	تبنين
Structuration (n.a.)	Structuration	بنينة
Structuration (sub)	Structuration	انشاء
Structure	Structure	بنية
Structure catégorielle	Categorical structure	بنية مقولية
Structure intermédiaire	Intermediary structure	بنية واسطة

127

Structure linguistique	Linguistic structure	بنية لغوية
Structure mentale	Mental structure	بنية ذهنية
Structure syllabique	Syllabic structure	بنية مقطعية
Structurel	Structural	بنائي
Structures	Structures	بنى
Style	Style	اسلوب
Stylisation	Stylization	اسلبة
Stylistique (adj.)	Stylistic	اسلوبي
Stylistique (n.)	Stylistics	اسلوبية
Stylomètres	Style meters	بحور الاسلوب
Subjectif	Subjective	ذاتي
Subjectif (génitif)	Genitive	اضافة المصدر الى فاعله
Subjectivite	Subjectivity	ذاتية
Subjanctif	Subjunctive	مضارع الطلب
Subjanctif	Subjunctive	صيغة الاقتضاء
Sublime	Sublime, lafty	جليل
Sublimation	Sublimation	اجلال
Subordination	Subordination	تعليق
Subordonnant	subordinating	عالق
Subosdonné	Subordinate	متعلق
Subséquent	Subsequent	تعاقبي
Substance	Substance	جوهر
Substance pensante	Thinking substance	جوهر مفكر
Substantif	Substantive	اسم موضوع
Substantivé	Substantivity	ممحض للاسمية

Substituabilité	Substitubility	استبدال
Substitut	Substitute	بديل
Substitutif	Substitutive	استبدالي
Substitution	Substitution	احلال
Substrat	Substratum	بنية سفلى
Subtile	Subtle	لطيف
Subtilités du langage	Language subtleties	لطائف اللغة
Subversion (sty.)	Subversion	اطاحة
Successif	Successive	متعاقب
Successivité	Succession	تعاقب
Suédois	Swedish	السويدية
Suffixe	Suffix	لاحقة
Suffixes dérivationnels	Derivational suffices	لواحق الاشتقاق
Suffixes flexionnels	Flexional suffixes	لواحق اعرابية
Suggestif	Suggestive	ايعازي
Suggestion	Suggestion	ايعاز
Suite	Continuation	توال
Sujet	subject	موضوع
Sujet du verbe	Subject of the verb	فاعل الفعل
Sujet parlant	Speaking subject	متكلم
Sumérien	Sumerian	سومرية
Superanalytique	Superanalytical	فوق التحليلي
Superficiel	Superficial	سطحي
Superlatif	Superlative	تفضيل
Superlatif absolu	Absolute superlative	تفضيل مطلق
Superlatif relatif (= élatif)	Relative superlative	تفضيل نسبي

129

Superlative (forme)	Superlative form	صيغة (افعل)
Superposition	Superposition	تراكب
Superstrat	Superstratum	بنية عليا
Superstructure	Superstructure	بنية فوقية
Supersynthèse	Supersynthesis	تاليف فوقي
Supersynthétique	Supersynthetic	فوق التاليفي
Supersystème	Supersystem	نظام اعلى
Suppléance	Acting as substitute	نيابة
Supplémentaire	Supplementary	اضافي
Supplétif	Suppletive	تكميلي
Support	Support	محور الكلام
Support	Central point	مرتكز
Supposé	Supposed	مفروض
Supposition	Supposition	افتراض
Supradental	Supradental	فوق اسنادي
Surcomposé	Double compound	مركب مضاعف
Surdi-mutité	Deaf and dumbness	صمم مبكم
Surdité	Deafness	صمم
Surdité verbale	Verbal deafness	صمم لفظي
Surface	Surface	سطح
Survivance (= archaïsme)	Archaism	عتيق
Suspense	Suspense	تشويق
Suspension	Suspension	تاجيل
Swahili	Swahili	السواحلية
Syllabaire	Syllabary	ابجدية مقطعية
Syllabation	Syllatation	تقسيم مقطعي

Syllabe	Syllable	مقطع
Syllabe accentuée	Accented syllable	مقطع منبر
Syllabe atone	Unstressed syllable	مقطع غير منبر
Syllabe brève	Short syllable	مقطع قصير
Syllabe fermée	Closed syllable	مقطع منغلق
Syllabe longue	Long syllable	مقطع طويل
Syllabe ouverte	Open syllable	مقطع منفتح
Syllabique	Syllabic	مقطعي
Syllepse	Syllepsis	مطابقة معنوية
Syllogisme	Syllogism	قياس منطقي
Syllogisme	Syllogism	مقياسية
Symbole	Symbol	رمز
Symbole complexe	Complex symbol	رمز مركب
Symbolisation des symboles	Symbols of symbols	رموز الرموز
Symbolisation	Symbolization	ترميز
Symbolisé	Symbolize	مرموز اليه
Symbolisme	Symbolism	رمزية
Symétrie	Symmetry	تناظر
Symétrique	Symmetrical	متناظر
Symptôme	Symptom	امارة
Synapsie	Synapsis	وحدة لفظية
Synchronie	Synchrony	انية
Synchronique	synchronic	اني
Syncopation	Syncopation	ترخيم وسطي
Syncope	Syncope	اسقاط
Syncrétisme	Syncretism	انطباق

131

Syndèse	Syndesis	توارد العطف
Synecdoque	Synecdoche	علاقة مجازية
Synérèse	Syneresis	توحيد مقطعي
Synesthésie	Synthesis	تجميع الاحاسيس
Synonyme	Synonym	مرادف
Synonymie	Synonymy	ترادف
Syntagmatique	Syntagmatic	نسقي
Syntagme	Syntagm	نسق
Syntagme adjectival (+ SA)	Adjectival syntagm	منظم وصفي (=م و)
Syntagme nominal (= SN)	Nominal syntagm	منظم اسمي (=م أ)
Syntagme verbal (= SV)	Verbal syntagm	منظم فعلي (م ف)
Syntaxe	Syntax	تركيب
Syntaxique	Syntactic	تركيبي
Synthèse	Synthesis	تاليف
Synthétique	Synthetic	تاليفي
Synthétiseur	To synthesize	مؤلف
Syriaque	Syrian	السيرانية
Systématique (adj.)	Systematic	نظامي
Systématisation	Systematization	انظام
Système	System	نظام
Système de référence	System of reference	نظام الاجالة
Système des signes	System of signs	نظام العلامات
Système fonctionnel	Functional system	نظام وظيفي
Système nerveux	Nervous system	جهاز عصبي

T

Tableau	Table	قائمة – جدول
Tabou	Taboo	محظور / الكلام المحرم
Tabous linguistique	Linguistic taboos	محظورات لغوية
Tacite	Tacit	مضمر
Tagmème	Tagmeme	وقعية
Tagmémique (adj.)	Tagmemic	موقعي / تكميمة
Tagmémique (n.)	Tagmemics	موقعية / تكميم
Tabitien	Tahitian	التاهيتية
Tamil (= tamoul)	Tamil	التامولية
Tatar	Tatar	التترية
Tautologie	Tautology	تحصيل حاصل
Taxème	Taxeme	مضاف
Taxèmes	Taxemes	مصانف
Taxionomie	Taxonomy	تصنيفية
Taxionomique	Taxonomic	تضيفي
Tchadien	Tchadiar	التشادية
Téléscopage	Telescoping	نحت لفظي
Temperament	Temperament	مزاج
Tempo	Tempo	سرعة النطق
Temps	Tense	زمن
Tendance	Tendency	نزعة
Tendu	Stiff	متوتر
Tension	Tension	توتر
Tenu	thin	رقيق

Terme	Term	مصطلح
Terme consacré	Accepted, recognized	مصطلح مكرسن
Terminatif	Terminative	انتهائي
Terminologie	Terminology	مصطلحية
Terminologique	Terminologic	مصطلحي
Tête	Head	راس
Tétraphtongue	Tetraphthony	حركة رباعية
Test	Test	رائز / اختبار
Tests	tests	روائز / اختبارات
Texte	Text	نص
Textologie	Toxtology	نصانية
Textologique	Textological	نصاني
Textualite	Textuality	نصية
Textuel	Textual	نصي
Thématique (adj.)	Thematic (adj.)	مضموني
Thématique (n.)	Thematics	مضمونية
Thème	Theme	مضمون
Théoricien	Theoretician	منظر
Théoricisme	Theorism	تنظيرية
Théorie	Theory	نظرية
Théorie de la connaissance	Theory of	نظرية المعرفة
Théorie de l'entendement	Theory of	نظرية الاداك
Théorie de l'information	Theory of	نظرية الاخبار
Théorique	Theoretical	نظري
Théorisation	Theorization	تنظير

Thérapeutique (adj.)	Therapeutic	علاجي
Thérapeutique (n.)	Therapy	علاج
Thèse	Thesis, proposition	قضية
Tibétain	Tibetan	التبتية
Tilde	Tilde	علامة الغنة
Timbre	Bell	جرس
Timbres vocaliques	Sonor ons vocalics	اجراس الحركات
Tiret	Hyphen	مطة
Tmèse	Tmesis	فصل المتضامين
Ton	Tone	نغم
Ton brisé	Broken tone	نغم منكسر
Ton descendant	Falling tone	نغم منخفض
Ton montant	Rising tone	نغم مرتفع
Ton uni	United tone	نغم متحد
Tonal	Tonal	انغامي
Tonalité	Tonality	نغمة
Tonique	Tonic	تنغيمي
Topicalisation	Topicalisation	مداري
Topique	Commonplace	مدار
Topologie	Topology	صنافة
Topologique	Topologic	صنافي
Toponymie (=toponomastique)	Toponymy	مواقعية
Toponymique	Toponymic	مواقعي
Toscan	Tuscany	التسكانية
Total	Total, entire	جامع
Trachée	Trachea	مزمار

Tranchée-artère	Wind pipe	قصبة الرئة
Traduire	Translate	ترجم
Traduction	Translation	ترجمة
Traduction automatique	Automatic translation	ترجمة الية
Trait	Trait/feature	سمة
Trait distinctif	Distinctive feature	سمة تمييزية
Trait pertinent	Pertinent feature	سمة مفيدة
Trait spécifique	Specific feature	سمة نوعية
Transcendance	Transcendence	تسام
Transcendant	Transcendent	متسام
Transcripteur	Transcriptor	راسم
Transcription	Transcription	كتابة صوتية
Transfert	Transfer	احالة
Transformation (na.)	Transformation	تحويل
Transformation (sub.)	Transformation	يحول
Transformation affixale	Affixes transformation	تحويل الزوائد
Transformation d'affixe	Affix transformation	تحويل الزائدة
Transformation passive	Passive transformation	تحويل سلبي
Transformationnel	Transformational	تحويلي
Transformationniste	Transformationist	احالي
Transgression (sty.)	Transgression	خرق
Transitif	Transitive	متعد
Transition	Transition	انتقال
Transitivité	Transitivity	تعدية

Transitoire	Transitional	انتقالي
Translatif (adj.)	Translative	صيروري
Translation	Translation	عبور
Translitteration	Transliteration	استنساخ
Transmetteur	Transmitting	ناقل
Transmission	Transmission	ارسال
Transparence du discours	Transparency of discourse	شفافية الخطاب
Transposition	Transposition	مناقلة
Trésor	Treasure	كنز
Triade phonétique	Phonetic triad	ثالوث صوتي
Triangulaire	Triangular	ثلاثي
Triphtongue	Tripthong	حركة مثلثة
Trivial	Trivial, vulgar	بذئ
Trope	Trope	صورة مجازية
Turc	Turkish	التركية
Turcoman	Turkmen	التركمانية
Type	Type	نموذج
Typique	Typical	نموذجي
Typologie	Typology	نماذجية
Typologique	Typological	نماذجي

U

Ultra-bref	Ultra-brief	قصير للغاية
Ultra-long	Ultra long	طويل للغاية
Umlaut (= inflexion)	Umlaut	امالة
Unidimensionnalité	Unidimensionality	احادية البعد
Unidimensionnel	Unidimensional	احادي البعد
Unification	Unification	توحد
Unilatéral	Unilateral	احادي المنحى
Unilingue	Unilingual	وحيد اللسان
Union	Union	اتحاد
Unitaire	Unitarian	توحيدي
Unité	Unit	وحدة
Unité du discours	Unity of discourse	وحدة القول
Unité maximale	Maximum unity	وحدة عليا
Unité minimale	Minimal unity	وحدة دنيا
Unité de discours	Unity of discourse	عمومية القول
Unité fonctionnelle	Functional unity	وحدة وظيفية
Univalence	Univalence/univalency	فردية الدلالة
Univalent	Univalent	فريد الدلالة
Univers	Universe	كون
Universalité	Universality	كونية
Universaux	Universals	كليات
Universel	Universal	كوني
Urgence	Urgency	استعجال
Urgent	Urgent	عاجل

Usage	**Usage**	**استعمال**
Usage courant	**Current usage**	**استعمال سائر**
Usage habituel	**Habitual usage**	**استعمال مالوف**
Usage moyen	**Middle usage**	**استعمال وسط**
Usage naïf	**Simple usage**	**استعمال ساذج**
Usage normal	**Normal usage**	**استعمال عادي**
Usage ordinaire	**Ordinary usage**	**استعمال دارج**
Utile	**Useful**	**نافع**
Utilitaire	**Utilitarian**	**نفعي**
Utilité	**Utility**	**نفع**
Uvulaire	**Uvular**	**طبقي / الهوية**

V

Vague (adj.)	Vagueness	غامض
Vague (n.)	Wave	موجة
Valence	Valence	استخدام
Valence 1	Valence 1	استخدام 1
Valence 2	Valence 2	استخدام 2
Valence 3	Valence 3	استخدام 3
Valeur	Value	قيمة
Valorisation	Voluation	تقويم
Variable	Variable	متغير
Variante	Variant	بديل- تنوع
Variante combinatoire	Variant combination	بديل تعاملي-تنوع
Variante conditionnée	Conditional variant	بديل مقيد
Variante contextuelle	Contextual variant	بديل سياقي
Variante dialectale	Dialectal variant	بديل نهجي
Variante individuelle	Individual variant	لثغة
Variante libre	Free variant	بديل مطلق
Variantes d'usage	Varieties of usage	وجوه استعمال
Variation (n.a.)	Variation	تنويع
Variation (sub.)	Variation	تنوع
Variété	Variety	بديل مرتبط
Vecteur	Vector	وجهة
Vectoriel	Vectorial	اتجاهي
Vedette (mot)	To be in the forefront	قاطب (لفظ)

Véhiculaire	Vehicular	ناقل
Vélaire	Velar	لهوي
Vélarisation	Valorization	اطباق
Vétarisé	Relarised	مطبق
Vélours	Corduroy	وصل زائد
Ventriloquie	Ventriloguy	نطق جوفي
Verbal	Verbal	فعلي
Verbal	Verbal	لفظي
Verbalisation	Verbalization	تلفيظ – فعلية
Verbalisation parallèle	Parallel verbalization	فعلية متلازمة
Verbe	Verb	فعل
Verbe auxiliaire	Auxiliary verb	فعل مساعد
Verbe copulatif	Copula	فعل رباطي
Verbe débile	Weak verb	فعل معتل
Verbe irrégulier	Irregular verb	فعل شاذ
Verbe régulier	Regular verb	فعل قياسي
Verbigération	Verbiage	لغط
Verbomanie (= logorrhée)	Nonsense	هذر
Vérification	Verification	تثبت
Vérité	Verity	حقيقة
Vertical	Vertical	عمودي
Versification	Versification	نظم
Version	Version	نقل
Versus	Versus	مقابل
Vibrant (e)	Vibrant	تكريري
Vibration	Vibration	نزيز

Vibration	Vibration	ذبذبة
Vibratoire	Vibratory	اهتزازي
Vibrer	To vibrate	نز
Vicariant	Substituted	عوضي
Vide	Empty	خاو
Vide résonnateur	Empty resonator	فراغ رنان
Vieux (= vieilli)	Worn out	مهجور
Viol	Violation	انتهاك
Violation des normes	Violation of norms	خرق المعايير
Virgule	Comma, semi colon	فاصلة
Virtualité	Virtuality	كمون
Virtuel	Virtual	كامل
Vision	Vision	رؤية
Visuel	Visual	بصري
Vitesse	Speed	سرعة
Vocabulaire	Vocabulary	جرد اصطلاحي – مفردات
Vocabulaire auxiliaire	Auxiliary (subsidiary vocabulary)	مفردات مساعدة
Vocabulaire (=lexique)	Vocabulary	رصيد / مفردات معجمية
Vocal	Vocal	صوتي
Vocalique	Vocalic	حركي
Vocalisation	Vocalization	تحريك
Vocalisme	Vocalism	نظام الحركات
Vocatif	Vocative case	منادى
Vocoïd	Voiced	صائت
Voisé	Voicing	مجهور

142

Voisement	Voicement	تجهير
Voix	Voice	صوت
Voix	Voice	صيغة الفعل
Voix passive	Passive voice	مبني للمجهول
Volitif	Vocative	ارادي
Vouloir-paraître	Showing oneself	تضاهر
Voyelle	Showing oneself	حركة / الصائت
Voyelle antérieure	Vowel	حركة امامية
Voyelle arrondie	Round vowel	حركة مستديرة
Voyelle brève	Short vowel	حركة قصيرة
Voyelle cardinale	Cardinal	حركة سلمية
Voyelle centrale	Central vowel	حركة مركزية
Voyelle d'arrière	Back vowel	حركة خلفية
Voyelle d'avant	Front vowel	حركة امامية
Voyelle de disjonction	Vowel of disjunction	حركة فاصلة
Voyelle de liaison	Vowel of liaison	حركة الوصل
Voyelle demi-fermée	Half closed vowel	حركة نصف متعلقة
Vayelle demi-ouverte	Half-open vowel	حركة نصف متفتحة
Voyelle étirée	Stretched vowel	حركة منفرجة
Voyelle fermée	Close vowel	حركة منغلقة
Voyelle furtive	Glide	حركة مختلسة
Voyelle langue	Long vowel	حركة طويلة
Voyelle médiane	Medium vowel	حركة وسطية
Voyelle ouverte	Open vowel	حركة منفتحة
Voyelle pastérieure	Posterior vowel	حركة خلفية
Voyelle prothétique	Prosthetic vowel	حركة الوصل البدئي

143

Voyelle simple	Simple vowel	حركة بسيطة
Voyelle ultra-brève	Very short vowel	حركة قصيرة للغاية
Voyelle ultra-longue	Very long vowel	حركة طويلة للغاية
Vulgaire	Vulgar	سوقي / العامي

Y

Yodisation	Yodization	تليين يائي
Yhougoslave	Yugoslav	اليوغسلافية

انكليزي (فرنسي - عربي)

148

Anglais	Français	Arabe
A		
A pari	A pari	برهان بالمثل
A parte post	A parte ante	من جهة القبل ومن جهة البعد (اشارة الى الزمن السابق او اللاحق لحدث ما)
A posteriori	A posteriori	بعدي
Abandonment	Abandonnement	تسليم
Abax	Abaque	الآلة الحاسبة
Abduction ,Apagoge	Abduction	مقياس احتمالي ، اباكوجي
Aberration	Aberration	مروق (المعنى الاخلاقي)
Abnegation	Abnégation	انكار الذات
Abnormal	Anormal	شاذ
Aboulia	Aboulie	فقدان الادارة
Absence	Absence	غيبة (في التصوف)
Absent Mindedness	Absence	ذهول
Absolute	Absolu	مطلق
Absolute Idealism	Idéalisme Absolu	مثالية مطلقة
Absolute permanent	Proposition permanente absolue	قضية دائمة مطلقة
Absolute proposition	Proposition Absolue	قضية مطلقة
Absolute voluntarism	Volontarisme absolu	مذهب الارادة المطلقة
Absoluteness	Absoluité	مطلقية
Absolutism	Absolutisme	مطلقية ، فلسفة المطلق
Absorption	Absorption	مبدأ الاستنفاد او الاستغراق (في التصوف علم النفس)
Abstinence	Abstinence	الزهد

149

Abstract	Abstrait	مجرد
Abstract Science	Abstraites (Sciences)	علوم مجردة
Abstract term	Terme abstrait	اسم معنى
Abstraction	Abstraction	تجريد
Abstractionism	Abstractionisme	تجريدية
Abstruse	Abstrus	خفي، صعب الفهم
Absurd	Absurde	لامعقول
Absurdity	Absurdité	لامعقولية
Academy	Académie	اكاديمية، انكار الحقيقة
Acatalepsy	Acatalepsie	ريب
Accident	Accident	حادث العرض
Accidental	Accidentel	عرضي
Accommodation	Accommodation	تكيف (في علم النفس) توفيق
Achilles Argument	Argument d'Achille	حجة اخيل
Achromtopsia	Achromatopsie	عمى الالوان
Acknowledgment , Recognizance	Reconnaissance	تَعَرُّف
Acosmism	Acosmisme	لاكونية (هيجل) نفي العالم
Acquired	Acquis	مكتسب
Acquisition	Acquistion	اكتساب
Acroamatic	Acroamatique	باطني
Act ,Action	Acte	فعل
Action , activity	Action	فاعلية ، أن يفعل
Active	Actif	فاعل
Active apperception	Aperception active	ادراك فاعل
Active power	Puissance Active	قوة فاعلة
Activism	Activisme	فاعلية

Activity	Activité	الفعالية
Actual	Effectif	فعلي
Actualizing	Actualisation	الاخراج الى الفعل
Acuteness	Acuite	حدة
Adaptation	Adaptation	تكييف
Adequate	Adéquat	مكافئ
Adequate Idea	Idée adéquate	فكرة مطابقة
Adoration	Adoration	عبادة
Adventitious	Adventice	الافكار الطارئة (عند ديكارت)
Aesthetic attitude	Attitude Esthétique	نهج جمالي
Aestheticism	Esthétisme	فلسفة الجمال، علم الجمال
Aestheticism	A esthétisme	نزعة جمالية
Aesthetics	Esthétique	مذهب الجمال، جمالي
Aesthic psychology	Ethnopsychologie	علم النفس الجمالي
Aesthophysiology	Aesthophysiologie	فسيولوجيا الحواس
Affect	Affecter	يؤثر
Affection	Affection	وجدان
Affective	Affectif	وجداني
Affinity	Affinité	قرابة ، نسب
Affirmation	Affirmation	اثبات ، الايجاب ، ثبوت
Affirmative	Affirmatif	موجب ، مثبت
Affirmative Proposition	Proposition Affirmative	قضية موجبة
Affirmers	Affirmeurs	الصفاتية الذين يثبتون لله تعالى صفات ازلية
After Image	Consécutive (Image)	الصورة المختلفة
Agent	Agent	فاعل (في الاخلاق)

Aggregate	Agrégat	مجموعة
Agnosia	Agnosie	فقدان القدرة على تعرف الاشياء المتفق عليها مع بقاء الاحساس سليماً
Agnostic	Agnostique	اللاادري
Agnosticism	Agnosticisme	مذهب لا ادري
Agraphia	Agraphie	فقدان القدرة على الكتابة
Agreeable	Agréable	ملائم
Agreement	Convenance	إتفاق
Alexandrinism	Alexandrinisme	فلسفة الاسكندرية
Algebra	Algèbre	علم الجبر
Algorithim	Algorithme	الخوارزمية ، عدد عشري
Algorithmic	Algorithmique	المنطق اللوغارتمي
Algorithmic logic	Logique Algorithmique	منطق لوغارتمي
Alienation	Aliénation	سلب العقل (في علم النفس) ,الاغتراب
All	Tout	كل
Allegiance	Allégeance	الولاء ، الطاعة
Allegory	Allégorie	موزة ، استعارة
Alteration	Altération	استحالة (التغيير في الكيف)
Alterity	Altérité	الغيرية
Alternative proposition	Alternative	القضية التبادلية
Alternative proposition	Proposition Alternative	قضية عنادية
Alternative syllogism	Syllogisme Aternatif	قياس بدل
Altruism	Altruisme	غيرية ، مذهب الإيثار (في الأخلاق)

152

Ambiguity	**Ambiguïté**	**التباس ، ازدواج المعنى**
Ambiguous	**Ambigu**	**تشبيه ، غامض**
Amity ,friendship	**Amitié**	**ود ، صداقة**
Amnesia	**Amnésie**	**فقدان الذاكرة**
Amoral	**Amoral**	**بمعزل عن الاخلاق**
Amoralism	**Amoralisme**	**اللااخلاقية**
Amphibolia	**Amphibolite**	**الاشتباه او الاشتراك المتعالي (عند كانت)**
Anaesthesia	**Anesthésie**	**تحذير**
Anagogic Interpretation	**Anagogique**	**التفسير المطلع**
Analgesia ,Analgia	**Analgésie**	**فقدان الحس بالألم**
Analogies of the experience	**Analogies de L'expérience**	**نظائر التجربة**
Analogous	**Analogue**	**مماثل ، نظير**
Analogy	**Analogie**	**تماثل ، النظير**
Analysis	**Analyse**	**تحليل**
Analytic	**Analytique**	**تحليل**
Analytical proposition	**Proposition Analytique**	**قضية تحليلية**
Anarchism	**Anarchisme**	**الفوضى**
Anarcho-syndicalism	**Anarcho-syndicalisme**	**ابة فوضوية**
Anarchy	**Anarchie**	**فوضى**
Ancient	**Ancien**	**قديم**
Anger	**Colère**	**غضب**
Anguish	**Angoisse**	**قلق**
Animal	**Animal**	**حيوان**

Animal soul	Àme animale	نفس حيوانية
Animal spirt	Animal (Esprit)	روح حيواني
Animality	Animalité	حيوانية
Animism	Animisme	ارواحية ، المذهب الحيوي ، حيوية الموادة
Annihilation	Anéantissement	لافناء
Anomaly	Anomalie	شذوذ عن المعتاد
Antecedent	Antécédent	مقدم
Anteriority	Antériorité	تقدم ، قبلية
Anthropocentric	Anthropocentrique	مركزية الانسان في الكون
Anthropology	Anthropologie	علم الانسان
Anthropomorphism	Anthropomorphisme	مجسمية مذهب من يقولون ان الـلـه حقيقية ، او مذهب التشبيه
Anti	Anti	ضد
Anticipation	Anticipation	تنبؤ بالحوادث قبل وقوعها
Anticipation of perception	Anticipations de la Perception	وقع الإدراك الحسي (عند كانت)
Antilogy	Antilogique	اللامنطقي
Antilogy	Antilogie	معارضة الحجة
Antimnesia	Antimnésie	توهم جدة الادراك
Antinomy	Antinomie	نقيض
Antisyllogism	Antisyllogisme	قياس تنافر
Antithesis	Antithèse	نقيض الموضوع
Anxiety	Anxété	قلق
Any	Quelconque	أي
Apagogic	Apagogique	القياس السائق الى المحال
Apathy , apathia	Apathie	ازدراء الالم ، تبلد الحس

Aphasia	**Aphasie**	**تعطل المنطق**
Aphorism	**Aphorisme**	**جامع الكلام ، حكمة جامعة**
Apodictic	**Apodictique**	**قضية ضرورية**
Apodictic proposition	**Proposition Apodictique**	**قضية برهانية**
Apologetics	**Apologies**	**مرافعات**
Apologists	**Apologistes**	**محامون عن الدين**
Apophantic	**Apophantique**	**الخبر**
Aporetics	**Aporétique**	**شكية (في الفلسفة)**
Aporia	**Aporie**	**معضلة ، اشكاك ، شك**
Apparence	**Apparence**	**ظاهر**
Appellative	**Appellatif**	**ذو المفهوم**
Apperception	**Aperception**	**ادراك واع**
Appetite	**Appétit**	**شهية**
Appetitive power	**Puissance Appétitive**	**قوة نزوعية**
Application	**Extension**	**الافراد**
Appreciation	**Appréciation**	**تقويم**
Apprehension	**Appréhension**	**ادراك**
Approbation	**Approbation**	**استحسان**
Approbative ethics	**Ethique d'approbation**	**اخلاق الاستحسان**
Approximation	**Approximation**	**تقريب**
Appurtenance	**Appartenance**	**انتساب**
Apraxia	**Apraxie**	**عدم القدرة على القيام بالاعمال العادية**
Arbitrary	**Arbitraire (adj.)**	**تحكمي**
Arbitrary meaning	**Arbitraire (subst.)**	**اعتباطي**
Archetype	**Archétype**	**نموذج العين الثابتة (في مذهب ابن عربي)**

Architectonics	**Architectonique**	**علوم تاسيسية**
Argument	**Argument**	**حجة ، دليل**
Argumentation	**Argumentation**	**المحاجة**
Arguments of The Existence of God	**Preuve de l' Existence de Dieu**	**دلائل وجود الـلـه**
Aristocracy	**Aristocratie**	**ارستوقراطية**
Aristotelianism	**Aristotélisme**	**ارسطية**
Arithmetic	**Arithmétique**	**حساب ، علم العدد**
Arrow Argument	**Argument de la flèche**	**حجة السهم**
Art	**Art**	**فن**
Articular sensation	**Articulaire**	**احساسات طرفية**
Artistic Criticism	**Criticisme Artistique**	**نقد فني**
As -if philosophy	**Philosophie de comme-si**	**فلسفة كأن**
Ascendancy	**Ascendant**	**تصاعد**
Ascetic	**Ascète**	**زاهد**
Asceticism	**Ascèse, ascétisme**	**زهد**
Aseity	**Abalièté**	**القيام بالذات**
Aseity	**Aséité**	**الوجود بالذات**
Assertion	**Assertion**	**اثبات**
Assertoric	**Assertorique**	**قضية واقعية او مطلقة**
Assertoric proposition	**Proposition Assertorique**	**قضية تقريرية او واقعية**
Asses' bridge	**Pont aux ânes**	**قنطرة الحمار**
Assimilation	**Assimilation**	**عملية التمثيل**
Association	**Association**	**تداعي المعاني**
Associationism	**Associationnisme**	**مذهب الترابطية**

Associative	Associatif	ارتباطي
Assumption	Assomption	دعوى
Asyllogistic	Asyllogistique	اللاقياسي
Asymmetrical Relation	Relation Asymétrique	علاقة لا تماثلية
Ataraxia	Ataraxie	طمأنينة ، سكينة
Atheism	Athéisme	مذهب الالحاد ، الحادي
Athenian school	Ecole d'Athènes	مدرسة اثينا
Atom	Atome	ذرة ، جوهر الفرد
Atomic theory	Théorie atomique	نظرية ذرية
Atomic theory	Atomique (théorie(	النظرية الذرية
Atomism	Atomisme	مذهب ذري
Atomistic theory	Atomistique	النظرية الذرية
Atonement	Expiation	تكفير، كفارة
Attention	Attention	انتباه
Attitude	Attitude	موقف
Attraction	Attraction	جذب
Attribute	Attribut	محمول ، صفة
Attributers	Attributaires	صفاتية ، السلف اهل السنة والجماعية
Attribution	Attribution	وصف ، حمل
Audition	Audition	سماع ، سمع
Augmentative	Augmentative	نامية
Augmentative power	Puissance Augmentative	قوة منمية
Augustinianism	Augustinisme	اوغسطينية
Authentic	Authentique	اصيل ، حقيقي
Authority	Autorité	سلطة

Auto	**Auto**	**ذاتي**
Auto- suggestion	**Auto- Suggestion**	**الايحاء الذاتي**
Automatic	**Automatique**	**آلي**
Automation	**Automate**	**الالية**
Autonomous	**Autonome**	**مستقل بذاته**
Autonomy	**Autonomie**	**استقلال ، سلطة ذاتية**
Autos copy	**Autoscopie**	**هذيان**
Aversion	**Aversion**	**نفور**
Axiology	**Axiologie**	**نظرية القيم**
Axiom	**Axiome**	**بديهية**
Axiom of intuition	**Axiomes de L'intuition**	**بديهيات العيان**
Axiomatic	**Axiomatique**	**بديهي**
Axiomatic	**Axiomatique**	**نظرية البديهيات**

B

Bad will	Volonté (mauvaise)	الارادة الشريرة
Bardesanism	Bardesanime	ديصانية (نسبة الى ديصان 154 - 222م) مهدت الديصانية الى ظهور المانوية
Barrier	Barrière	برزخ
Battology	Battologie	تكرار في الكتابة او الكلام
Beautiful	Beam	جميل
Beauty	beauté	جمال
Becoming	Devenir	صيرورة
Before	Avant	قبل
Behavior	Comportement	سلوك
Behaviorism	Behaviorisme	سلوكية ، مذهب السلوكيين
Being	Etre (substantive)	الوجود
Being – in- itself	Etre en soi	موجود في ذاته
Being for self	Pour soi	لذاته
Belief	Croyance	الاعتقاد
Beneficence	Bienfaisance	إحسان
Berkley's Argument	Argument de Berkeley	حجة بركلي
Biology	Biologie	علم الاحياء
Blessedness	Béatitude	غبطة ، سعادة عظمى
Blindness	Cécité	العمى
Body	Corps	جسد
Brahman	Braham	براهن اللـه في اللغة السنسكريتية
Brethren of Purity	Frères de pureté	اخوان الصفا
Buridan's Ass	Ane de Buridan	حمار بوريدان

C

Cabala	Cabale; kabbale	قبالة (منصب فيها خليط من الفلسفة والتصوف والسحر عند اليهود)
Cabalist	Cabaliste	الفيلسوف القبالي
Canon	Canon	قانون (القانون عند الابيقوديين هو المنطق)
Capability	Capabilité	استطاعة ، قدرة على
Capital	Capital	رأس المال
Capitalism	Capitalisme	الرأسمالية
Cardinal virtues	Cardinales (Vertus)	امهات الفضائل
Cartesian	Cercle Cartésien	دور ديكارتي
Cartesianism	Cartésianisme	الفلسفة الديكارتية
Cast	Caste	طائفة
Casual	Casual	علي ، علة
Casuistry	Casuistique	احوال الضمير
Catalepsy	Catalepsie	تصلب هستيري
Categorematics	Catégorèmes	الفاظ جملية اصيلة
Categorical	Catégorique	مطلق ، حملي
Categorical proposition	Proposition catégorique	قضية حملية
Categorical Syllogism	Syllogisme catégorique	قياس حملي
Category	Catégorie	مقولة ، قاطيغوريا
Catharisis	Catharsis	التطهير
Causality	Causalité	علية ، السببية

Causation	**Causation**	**تعليل**
Cause	**Cause**	**سبب ، علة**
Caution	**Caution**	**تقية**
Cave	**Caverne**	**كهف (افلاطون في كتاب الجمهورية)**
Celestial Soul	**Àme céleste**	**نفس فلكية**
Cerebral localisations	**Localisations cérébrales**	**تحديد المراكز المخية**
Certain proposition	**Proposition certaine**	**قضية حتمية**
Certitude	**Certitude**	**يقين**
Chance	**Chance**	**صدفة**
Chance	**Hasard**	**مصادفة ، اتفاق**
Change	**Changement**	**تغير**
Chaos	**Chaos**	**العماء**
Character	**Caractère**	**صفة ، خلق**
Characteristic	**Caractéristiques**	**خاص ، مميز**
Characterology	**Caractérologie**	**علم الطباع**
Charity	**Charité**	**الاحسان ، المحبة**
Charters school	**Ecole de Chartres**	**مدرسة شارتر**
Choice	**Choix**	**اختيار**
Chronic hallucination psychosis	**Psychose hallucinatoire chronique**	**ذهان هذياني مزمن**
Circle	**Cercle**	**جماعة ، دور**
Circular syllogism	**Syllogisme en cercle**	**قياس دور**
Clan	**Clan**	**العشيرة**
Class	**Classe**	**طبقة ، صنف (في المنطق)**
Classification	**Classification**	**تضيف**

Claustrophobia	Claustrophobie	الخوف من الاماكن المغلقة
Clear	Clair	واضح
Clear ,Plain	Apparent	واضح ، ظاهر
Cognition	Cognition	ادراك ، معرفة
Cognition	Connaissance	المعرفة (علم مطلق)
Cognitive power	Puissance cognitive	قوة مدركة
Cognoscibility	Cognoscibilité	قابلية المعرفة
Coherence	Cohérence	الاتساق
Collective	Collectif	جماعي
Collective consciousness	Conscience Collective	وعمي جماعي
Collective proposition	Proposition collective	قضية جمعية
Collectivism	Collectivisme	النزعة الجماعية
Collocation	Collocation	وضع طبيعي للجسم
Commandements	Commandements	حدود
Common	Commun (s)	مشترك ، امور عامة
Common accident	Accident Commun	عرض عام
Common Name	Nom Commum	اسم علم
Common Notions	Notions Communes	علوم مقاسة
Common place topics	Lieux communs	المواضيع الجدلية
Common sense	Sens Commun	حس مشترك
Common sense	Commun (sens)	ادراك عام
Communism	Communisme	شيوعية
Community	Communauté	مجتمع ، جماعة
Commutative	Commutative (justice)	عدالة المعارضة
Commutative law	Loi commutative	قانون التبادل

Commutative law	Commutative (loi)	قانون المعارضة
Comparative	Comparatif	مقارن
Comparative proposition	Comparative	قضية مقارنة
Comparative proposition	Proposition comparative	قضية مقارنة
Comparative psychology	Psychologie	علم النفس المقارن
Comparison	Comparaison	مقارنة
Compensation	Compensation	تعويض
Competition	Concurrence	منافسة
Competitive examination	Concours	المدد الالهي (عند ديكارت)
Complementation	Complémentation	اجراء الاكمال
Complete	Complet	تام
Complex	Complexe	عقدة (مجموعة من الافكار المترابطة، مركب)
Complex number	Complexe (nombre)	عدد مركب
Complication	Complication	تعقيد
Composite ,Compound	Composé	مؤلف
Compound proposition	Proposition composée	قضية مركبة
Comprehension	Compréhension = Connotation	مفهوم ، استيعاب
Conation	Conation	نزوع
Conceivable	Concevable	مايمكن تصوره
Concept	Concept	تصور

Conception	Conception	تصور
Conceptualism	Conceptualisme	تصويرية ، مذهب تصويري
Conceptualism	Contextualisme	سياقية
Conclusion	Conclusion	ردف ، نتيجة ، اللازم
Concomitance	Concomitance	مساوقة ، تغير نسبي
Concordance	Concordance	طريقة الاتفاق والاختلاف
Concrete	Concret	عيني ، ذاتي ، محسوس
Concrete term	Terme concret	اسم ذات
Concrete universal	Universel concret	كل عيني
Concupiscence	Concupiscence	شهوة
Condition	Condition	ظرف ، شرط ، حال
Conditional	Conditionnel	شرطي
Conditional syllogism	Syllogisme conditionnel	قياس شرطي نسبي
Conditioned	Conditionné	مشروط
Conduct	Conduite	مسيرة
Conflict	Conflit	نزاع ، عراك
Confrontation	Confrontation	توجيه
Confucianism	Confucianisme	لونفوشيه
Confusion	Confusion	فوضى ، الابهام ، موض
Congenital	Congénital	فطري ، خلقي
Conjnitor	Connaisseur	عارف
Conjunction	Conjonction	اقتران
Conjunctive	Conjonctif	عطفي
Conjunctive proposition	Proposition conjonctive	قضية شرطية متصلة
Conjunctive syllogism	Syllogisme conjonctif	قياس اقتراني

Connexion	Connexion	قرينة
Connotation	Connotation	مفهوم اصطلاحي
Conscience	For Intérieur	ضمير
Conscience	Conscience	ضمير (في الاخلاق) ، وعي
Consciousness	Conscience	شعور (في علم النفس)
Consecutive	Images consécutives	الصورة اللاحقة
Consensus	Consensus	قبول
Consent	Consentement	قبول (جواب الايجاب عند الفقهاء)
Consent ,assent	Consentement	موافقة ، قبول
Consequence	Conséquence	استنتاج
Consequent	Conséquent	التالي
Conservation	Conservation	بقاء ، حفظ
Conservation of Energy	Conservation de l'énergie	مبدأ حفظ الطاقة
Conservatism	Conservatisme	نزعة الى المحافظة
Consideration	Considération	اعتبار
Consistant Empirism	Empirisme consistant	تجريبية متسقة
Consistency	Conséquence	اتفاع العقل مع نفسه
Constant	Constant	ثابت
Constituent	Constituant	مقوم
Constraint	Contrainte	قسر (من الخارج والداخل)
Constructive definition	Constructive) définition(	التعريف الانشائي
Consumption	Consommation	استهلاك
Contact	Contact	التماس
Contact	Contact	اللمس (علم النفس)
Contemplation	Contemplation	تامل

Contiguity (Association by)	Contigüité	الاقتران
Contingency	Contingence	جواز ، الامكان
Contingent	Contingents	ممكن باعتبار ما سيكون
Continuity	Continuité	اتصال ، استمرارية
continuous	Continu	متصل ، مستمر
Contract	Contrat	عقد
Contradiction	Contradiction	تناقض
Contradictory	Contradictoire	المتناقض
Contraposition	Contraposition	عكس النقيض
Contrariety	Contrariété	تضاد
Contrary	Contraire	تضاد ، مضاد
Contrast	Contraste	تباين ، نقيض
convention	Conversion	عرف ، اصطلاح
Conventional proposition	Proposition conventionnelle	قضية عرفية
Conversion	Conversion	عكس (في المنطق)
Conviction	Conviction	ايقان ، اعتقاد
Coordination	Coordination	تنسيق ، تناسب
Copula	Couple	رابطة
Copulative	Copulative	قضية متعددة الموضوع
Copulative proposition	Proposition copulative	قضية عطفية
Corollary	Corollaire	لزومية ، اللازمة
Corporalism	Corporalisme	جسمانية
Corpuscular philosophy	Philosophie corpusculaire	فلسفة الجسيمات
Corpuscule	Corpuscule	جسيم

Correlation	Corrélation	تضايف
Correspondence	Correspondance	تناظر
Corruption	Corruption	فساد
Cosmic	Cosmique	كوني
Cosmogony	Cosmogonie	علم نشاة العالم
Cosmological Argument	Cosmologique) preuve(	الدليل الكوني على وجود الله
Cosmological Argument	Preuve Cosmologique	دليل كوني
Cosmology	Cosmologie	علم الكون او العالم
Cosmos	Cosmos	كون
Courage	Courage	شجاعة
Creation	Création	خلق
Creationism	Créationnisme	مذهب الخلق
Crime	Crime	جرم ، جريمة
Criminality	Criminalité	الاجرام
Criminology	Criminologie	علم الجريمة
Criterion	Critérium, critère	ميزان ، معيار
Critical Idealism	Idéalisme critique	مثالية نقدية
Critical Realism	Réalisme critique	الواقعية النقدية
Criticism	Criticisme	مذهب نقدي ، النقد
Cross	Croix	صليب
Crowd	Foule	جمهور ، جمهرة
Crucial	Cruciale	قاطعة (تجربة او دليل)
Cultural Relativism	Relativisme culturel	نسبة ثقافية
Culture	Culture	ثقافة
Custom	Coutume	عرف
Cybernetics	Cybernétique	سرانية

Cynism	Cynisme	منصب الكلبين
Cyrenaics	Cyrénaïque	قورينائية او السيبرنطيقا
		مدرسة قورنيائية (نسبة الى قورنيا
Cyrenaism	Cyrénaïsme	حيث اسس ارستيوس تلميذ سقراط
		مدرسة مذهب اللذة)

D

Darwinism	Darwinisme	نظرية دارون
Data	Données	معلومات، معطيات
Day -dream , Dreaming	Rêverie	احلام اليقضة
De Morgan's law	Principes de De Morgan	قانون دي مورجان (حساب الفئات)
Debate	débat	ناظرة
Decision	Décision	قرار، عزم
Deduction	Déduction	استنباط
Deduction by Analogy	Raisonnement Par Analogie	قياس شرعي
Defect	Défaut	نقص
Definition	Définition	حد، تعريف
Degeneration	Dégénérescence	فساد، إنحلال
Deism	Déisme	مذهب الربوبية، التأليه
Deliberation	Délibération	تدبر، تقدير
Delirium	Délire	هذيان
Dementia	Démence	إختلال، جنون
Demiurge	Démiurge	عقلي
Democracy	Démocratie	ديمقراطية
Demon	Démon	جنيّ
Demonstration	Démonstration	برهان
Demonstrative syllogism	Syllogisme Démonstratif	قياس برهاني
Denomination ,Name	Qualification	نعت

Denotation	Dénotation	الماصدق (ما صدق اللفظ)
Deontic logic	Logique Deontique	منطق الالزام الخلقي
Deontology	Déontologie	علم الواجبات
Dependence	Dépendance	توقف
Derivation	Dérivation	اشتقاق
Description	Description	تعريف بالرسم (في المنطق)، أو الوصف
Descriptions theory	Théorie des descriptions	نظرية الاوضاف
Descriptive Metaphysics	Méta physique Descriptive	ميتافيزيقيا وصفية
Descriptive Relation	relativisme Descriptif	نسبة الوصفية
Desire	Désir	رغبة
Despair	Désespoir	يأس
Destiny	Destin	قدر
Determination	Détermination	حتمية، تحديد، تعيين
Determinism	Déterminisme	حتمية، جبر
Development	Développement	نمو، تطور
Dialectic	Dialectique	جدل، ديالكتيك
Dialectic syllogism	Syllogisme Dialectique	قياس جدلي
Dialectico-Theological Argument	Raisonnement Dialectico - Théologique	المذهب الكلامي
Diallelon	Diallèle	دور فاسد
Dichotomy	Dichotomie	قسمة ثنائية
Difference	Différence	إختلاف، فرقٌ، الفصل(في المنطق)

Differential and Integral Calculus	**Infinitésimal (calcul(**	**حساب التفاضل والتكامل**
Differentiation	**Différenciation**	**تفريق، تفاضل**
Diggers Movement	**Mouvement de Fossoyeurs**	**حركة الحفارين**
Dignity	**Dignité**	**كرامة**
Digression	**Digression**	**استطراد**
Dilemma	**Dilemme**	**احرج، قياس**
Diligence	**Diligence**	**اجتهاد**
Dimension	**Dimension**	**بُعدْ**
Diplopia	**Diplopie**	**ازدواج الصورة البصرية**
Direct Realism	**Réalisme direct**	**واقعية مباشرة**
Discernment	**Discernement**	**فطنة**
Discharge	**Dénouement**	**قضاء**
Disciple	**Disciple**	**مريد (مصطلح صوفي)**
Discontinuous	**Discontinu**	**منفصل**
Discourse	**Discours**	**مقال**
Discrimination	**Discrimination**	**تمييز**
Discursive	**Discursif**	**نظري**
Disintegration	**Désintégration**	**انحلال، تفكك**
Disjunction	**Disjonction**	**فصل**
Disjunctive	**Disjonctif**	**منفصل**
Disjunctive proposition	**Proposition Disjonctive**	**قضية شرطية منفصلة**
Disjunctive syllogism	**Syllogisme disjonctif**	**قياس استثنائي منفصل**
Disparate ,Disparity	**Disparate**	**تباين، مختلف**
Dispersion	**Dispersion**	**ذهول**
Disposition	**Disposition**	**هيئة**

Dissociation	**Dissociation**	**فصل، عزل**
Dissolution	**Dissolution**	**الحل (ضد التركيب)**
Distance	**Distance**	**مسافة**
Distinct	**Distinct**	**تمييز (عند ديكارت)**
		فرقان (عند الصوفية) عبارة عن
Distinction	**Distinction**	**عقيدة الاسماء والصفات على**
		اختلاف أنواعها، أو تمييز
Distraction	**Distraction**	**سهو، انصراف البال**
Distributed	**Distribué**	**مستغرق (منطق)**
Distribution	**Distribution**	**استغراق**
Distributive	**Distributif**	**استغراقي**
Distributive	**Distributive (Loi)**	**القانون التوزيعي**
Distributive	**Distributif**	**المعنى الاستغراقي**
Distributive law	**Loi Distributive**	**قانون الاستفراق**
Divinity	**Divinité**	**إلهية، الألوهية**
Divinity	**Divinité**	**ربوبية**
Divisibility	**Divisibilité**	**قابلية الانقسام**
Divisibility	**Divisibilité**	**قابلية الانقسام**
Division	**Division**	**قسمة**
Division of labour	**Division du travail**	**تقسيم العمل**
Doctrine	**Doctrine**	**منصب**
Dogma	**Dogme**	**عقيدة**
Dogmatic Idealism	**Idéalisme dogmatique**	**مثالية قطعية**
Dogmatism	**Dogmatisme**	**مذهب اليقين، وثوقية**
Doubt	**Doute**	**شك**
Doubting Mania	**Folie du Doute**	**داء الشك**

Dream	**Rêve**	**حلم**
Dualism	**Dualisme**	**أثينية**
Dualist Realism	**Réalisme dualiste**	**واقعية ثنائية**
Duality	**Dualité**	**أثينية**
Duplication	**Dédoublement**	**الازدواج**
Duration	**Durée**	**دوام، مدة**
Duty	**Devoir**	**واجب**
Dyad	**Dyade**	**ثنائية (أزدواجية المبادئ المفسرة للكون)**
Dynamics	**Dynamique**	**الديناميكا**
Dynamism	**Dynamisme**	**مذهب دينامي**

E

Ease	Aisé	بسط
Ecceity	Eccéité, haeccéité	الانية(تحقق الوجود العيني)،الماهية
Echolalia ,Echophasia	Echolalie	الصّداء
Eclecticism	Eclectisme	الانتقائية، الفلسفة التلفيقية
Economy	Economie	اقتصاد، تدبير المنزل
Ecstasy	Ecstasie	مشطح (زلة لسان عند الصوفي)
Education	Education	تربية
Education	Eduction	عكس ونقض
Effect	Effet	أثر، المسبب، المعلول
Efferent	Efférent	داخلي
Efficience , Efficiency	Efficience	فاعلية، فعال
Efficient Cause	Efficiente	على فعالة
Effort	Effort (voulu)	جهد (إرادي)
Egalitarianism	Egalitarisme	مذهب المساواة
Egoism	Egoïsme	الانانية
Egoity	Egoité	أنانية (الوجود العيني للذات)
Eidetic Intuition	Intuition Eidétique	ماهوي (عند هوسول هو معاينة الماهية)
Eidetic Science	Science Eidétique	علم ماهية
Elaboration	Elaboration	تنمية الفكرة
Eleatics school	Ecole d Elée	مدرسة إيلية

Element	**Elément**	**عنصر، إسطقس**
Elementary	**Elémentaire**	**أولي**
Elementary logic	**Logique Elementaire**	**منطق اولي**
Elementary primary	**Primaire**	**أولي**
Elimination	**Elimination**	**طريقة الاسقاط**
Elites	**Elites**	**نخبة، نخباء**
Emanation	**Emanation**	**فيض، صدور**
Emanationism	**Emanationnisme**	**مذهب الفيض**
Emanatism	**Emanatisme**	
Eminent	**Eminent**	**عال، ممتاز**
Emotion	**Emotion**	**إنفعال**
Emotivism	**Emotivisme**	**إنفعالية**
Empirical	**Empirique**	**تجريبي**
Empirical Intuition	**Intuition Empirique**	**حدسي**
Empiricism	**Empirisme**	**تجريبية، مذهب تجريبي**
Empirist	**Empiriste**	**فيلسوف تجريبي**
End – in – itself	**Fin en soi**	**غاية في ذاته**
End ,purpose	**Fin**	**اية ، غرض ، نهاية**
Endless Return of every thing	**Retour éternel**	**العود الابدي**
Energetism	**Energétisme**	**مذهب الطاقة**
Energy	**Energie**	**طاقة**
Entelechy	**Entéléchie**	**أنتلخيا، كمال أول**
Enthymeme	**Enthymème**	**القياس الإضماري**
Enthymeme	**Enthymème**	**قياس مصغر**
Entity	**Entité**	**الكائن، الشيء الموجود**
Entropy	**Entropic**	**نتروبيا، نغمي الطاقة**
Enumeration	**Enumération**	**تعداد، العَدّ**

Enunciation	Enonciation	منطق
Enunciation	Enoncé	منطوق
Enunciation	Enonciation	منطوق
Epagoge	Syllogisme epagogique	قياس مقسم
Epagoic	Epagogique	الاستقراء الأرسطي
Ephectic	Ephectque	تعليق الحكم
Epicheirema	Epichérème	القياس الظني (المعلل)
Epiphenomenon	Epiphénomène	ظاهرة ثانوية
Epiphenomenon	Epiphénoménalisme	مذهب الظواهر الثانوية
Epistemology	Epistémologie	نظرية المعرفة، فلسفة العلوم
Episyllogism	Episyllogisme	قياس لاحق
Equality	Egalité	مساواة
Equation	Equation	مساوية، معادلة
Equilibrium	Equilibre	توازن
Equity	Equité	تعادل، إنصاف، عدل
Equivalency	Equivalence	تكافؤ
Equivocal ,Equivocation	Equivoque	القول بالتشكيك
Equivocation	Equivocité	تشكيك
Eristic	Eristique	جدال، التحذلق في الجدل
Eristic school	Ecole Eristique	مدرسة الجدال
Error	Erreur	ضلال ، غلط
Eschatology	Eschatologie	بحث في شؤون الآخرة
Esoteric	Esotérique	علم الباطن عن الصوفية
Esoterism	Esotérisme	باطنية
Essence	Essence	ماهية، ذات
Essential	Essentiel	ذاتي، ماهوي

Estimative Judgments	Jugements Estimatifs	وهميات
Etatism	Etatisme	حكومية، استبداد الدولة
Eternal	Eternel	أزلي، ابدي
Eternity	Eternité	سرمدية
Ether	Ether	أثير(غاز لطيف اعتقده الاغريقيون أنه عنصر الهي)
Ethical logicism	Logicisme Ethique	منطقية خلقية
Ethical Naturalism	Naturalisme Ethique	مذهب طبيعي اخلاقي
Ethical Objectivism	Objectivisme Ethique	المذهب الموضوعي الاخلاقي
Ethical Relativism	Relativisme éthique	نسبة اخلاقية
Ethical Socialism	Socialisme Ethique	اشتراكية خلقية
Ethical voluntarism	Volontarisme éthique	مذهب الارادة الاخلاقي
Ethics	Ethique	علم الاخلاق
Ethics of situation	Morale de situation	خلاق المواقف
Ethnography	Ethnographie	علم الشعوب
Ethnography	Ethographie	علم التقاليد والعادات
Ethnology	Ethnologie	إثنية، علم الاجناس البشرية
Etiology	Etiologie	علم الاسباب في الطب
Euclides 'Axioms	Communes (notions)	بديهيات
Eudaemonism	Eudémonisme	مذهب السعادة
Euler Diagram	Diagramme de Euler	يم يولر (نسبة الى عالم الرياضيات السويسري ليونارد يولر)
Euphoria	Euphorie	صحوة
Euthanasim	Euthanasie	موت سعيد
Euthemerism	Euthémérisme	الأوهيميرية (نظرية أوهيميروس القائلة بان الآلهة ليسو سوى ابطال آدميين)، نظرية تأليه الابطال

Evidence	**Evidence**	**بينة، شاهد**
Evidence	**Témoin**	**شاهد**
Evil	**Mal**	**شر**
Evil ,bad	**Maurais**	**شر**
Evolution	**Evolution**	**تطور**
Evolutionary ethics	**Ethique évolutionniste**	**أخلاق تطورية**
Evolutionism	**Evolutionisme**	**مذهب التطور**
Exact	**Exact**	**دقيق، مضبوط**
Exactitude	**Exactitude**	**ضبط(الحزم والاحكام)**
Exceptive	**Exceptive**	**استثناء**
Exceptive proposition	**Proposition Exceptive**	**قضية استثنائية**
Exceptive syllogism	**Syllogisme exceptif**	**قياس استثنائي**
Excess	**Excès**	**إفراط**
Excitement , excitation	**Excitation**	**إثارة**
Excluded (middle term)	**Exclu (tiers)**	**ثالث المرفوع**
Exclusion	**Exclusion**	**قضية استبعادية**
Exclusive proposition	**Proposition Exclusive**	**قضية استبعادية**
Execution	**Exécution**	**إنجاز، تنفيذ**
Exegesis	**Exégèse**	**تغير**
Existence	**Existence**	**الوجود**
Existential	**Existentiel**	**وجودي**
Existential philosophy	**Philosophie Existentielle**	**فسلفة وحدوية**
Existential proposition	**Proposition Existentielle**	**قضية وجودية**

Existentialism	Existentialisme	الوجودية
Exoteric	Exotérique	ظاهر ضد الباطن(الظاهري)
Experience	Expérience	خبرة
Experiential	Expérientiel	تجريبي
Experimental	Expérimental	تجريبي
Experimental Introspection	Introspection expérimentale	دستبطان التجريبي
Experimental Socialism	Socialisme Expérimental	اشتراكية تجريبية
Experimentation	Expérimentation	التجريب
Explicative	Explicatif	شارح
Explicit	Explicite	صريح
Exploit	Exploiter	يستغلّ
Expression	Expression	تعبير
Expriment	Expérience	تجربه
Extasy	Extase	الحزن عند الصوفية، الوجد
Extension	Extension	إمتداد
Extension	Etendue	امتداد
Extensive	Extensif	امتدادي
Exteriority	Extériorité	خارجية
Extern	Externe	خارج النقل
External	Extérieur; externe	ظاهري، خارجي
External Sense	Sens Extérieur	حس ظاهر
Externalization	Extériorisations	تخريج (في علم النفس)
Extreme	Extrême	تطرف،متطرف
Extrinsic Concomitance	Concomitance Extrinsèque	ملازمة خارجية
Extrinsic Force	Force Extrinsèque	قوة خارجية

179

Extrinsic ,extrinsical	Exrinséque	ظاهري
Fa-chia	Fa -Chia	مدرسة المشترعين (تيار قانوني في الفلسفة الصينية)
Fact	Fait	واقعة
Factionalism	Fictionalisme	اختلاقية (فلسفة كان)
Factitious	Factice	مفتعل ، مصطنع
Factor	Facteur	عامل
Factual	Factuel	واقعي
Faculty of sensation	Faculté Sensitive	قوة حسية
Faculty ,power	Faculté	ملكة ، قوة
Faith	Foi	ايمان
Faith confession	Foi (Acte de)	ارادة الاعتقاد
Fallacy	Fallacia	مغالطة
False	Faux	باطل ، كاذب
Family	Famille	اسرة
Fanatical ,fanatic	Fanatique	متعصب
Fanaticism	Fanaticisme	تعصب
Fancy	Fantaisie	فنطاسيا
Fantasmatism	Fantasmatisme	مذهب الشبحيين القائلين بان ماندركه ليس الا شبحا للحقيقة الواقعة
Fascism	Fascisme	فاشية
Fatalism	Fatalisme	مذهب القضاء والقدر او الجبروت عند الصوفية
Fatalists	Fatalistes	القديين ، جبرية
Fate	Fatalité	قدر
Fault	Faute	غلط ، خطأ
Fechner's	Fechner (loi de(	قانون فشنر

Feeling Sentiment	**Sentiment**	**شعور**
Fetichism	**Fétichisme**	**عبادة الفتشر**
Fiction	**Fiction**	**توهم ، خرافة**
Fictive	**Fictif**	**وهمي**
Field of Consciousness	**Champ de la Conscience**	**مجال الشعور**
Field of Vision	**Champ Visuel**	**مجال الابصار الرؤية**
Figure	**Figure**	**شكل**
Figures of Syllogism	**Figure du Syllogisme**	**اشكال القياس**
Final Canes	**Cause Finale**	**العلة النهائية**
Finalism	**Finalisme**	**مذهب الغائية**
Finality	**Finalité**	**تعليل غائي ، غائية**
Finite	**Fini**	**متناه**
Finitism	**Finitisme**	**مذهب التناهي**
Fire	**Feu**	**نار**
First philosophy	**Philosophie premier**	**فلسفة اولى**
First principles	**Principes premiers**	**أولويات**
Fixed Idea	**Idée fixe**	**فكرة متسلطة**
Force	**Force**	**قوة**
Foreknowledge	**Prescience**	**علم التغيب ، تكهن**
Foreknowledge	**Précognition**	**علم مسبق**
Forgetting , Oblivion	**Oubli**	**نسيان**
Form	**Forme**	**شكل صورة**
Formal	**Formel**	**صوري**
Formal logic	**Logique Formelle**	**منطق صوري**
Formal or logical truth	**Vérité formelle ou logique**	**حقيقة صورية او منطقية**
Formalism	**Formalisme**	**مذهب شكلي ، صورية**

Formula	**Formule**	**صيغة**
Fortuitous	**Fortuit**	**بالصدفة ، مصادفة**
Foundation	**Fondement**	**اساس**
Free will	**Arbitre (libre(.**	**حرية الارادة**
Free-will	**Liber Arbitre**	**حرية الارادية ، قدرية**
Fulguration	**Fulguration**	**انبثاق**
Function	**Fonction**	**وظيفة ، دالة**
Functional	**Fonctionnel**	**وظيفي ، دالي**
Functional psychology	**Psychologie fonctionnelle**	**علم النفس الوظيفي**
Future	**Futur**	**مستقبل**
Futurism	**Futurisme**	**المستقبلية**

G

Galenian Figure	Figure Galénienne	شكل جالينوس والشكل الرابع من اشكال القياس
Gallarate Movement	Mouvement de Gallarate	حركة جالارات
Gambridge Platonists	Platoniciens de Gambridge	افلاطونيو كمبرج
Game , play	Jeu	لعب
General	Général	عام
General philosophy	Philosophie générale	فلسفة عامة
General will	Volonté général	الارادة العامة
Generality	Généralité	عموم
Generalization	Généralisation	تعميم
Generally	Généralement	بعمامة
Generation	Génération	تكون
Generic	Générique	جنس
Generic Name	Nom Générique	اسم جنس
Genesis	Genèse	تكوين
Genetics	Génétique	علم التكوين
Genius	Génie	عبقري
Genus	Genre	جنس
Geography	Géographie	جغرافية
Geology	Géologie	جيولوجيا ، علم الارض
Geometry	Géométrie	هندسة
Gestait psychology	Psychologie de la forme	علم النفس الجشطلت

Gestaltism	Gestaltisme	جشطلطية
Gestaltpsychology	Théorie de la forme	نظرية الصورة ، نظرية الجشطلت
Given	Donné	معطي
Gnomic , Gnomical	Gnomique	جكمن
Gnosiology	Gnoséologie	مبحث المعرفة
Gnosis	Gnose	عنوص ، عرفان
Gnosticism	Gnosticisme	غنوصية (معرفة الـلـه بالحدس لا بالعقل)
Gnostics	Gnostiques	نوصية
Gocienian Sorites	Sorite Gociencien	قياس مركب مفصول الناتج جوكليني
God	Dieu	الـلـه ، رب
Good (s)	Bien (s)	خير ، خيرات
Good Sense	Bon Sens	ذوق سليم
Good sense	Bon sens	حس سليم
Good understanding	Bon entendement	جودة الفهم
Good will	Volonté (bonne)	الارادة الخيرة
goodness	bonté	طيبة
Government	Gouvernement	حكومة
Grace	Grace	لطف
Grammar	Grammaire	نحو
Graphic Method	Graphiaue (méthode)	طريقة البيان بالخطوط
Graphism	Graphisme	الفراسة بالخط
Graphology	Graphologie	علم الفراسة بالخط
Gratuitous	Gratuit	مجاني
Greatness	Grandeur	عظمة (في الاخلاق) مقدار(في الرياضيات)

| group | Groupe | مجموعة ، جماعة |
| Guilt | Couple | ذنب |

H

Habit	Habitude	عادة
Hallucination	Hallucination	هلوسة
Happiness	Bonheur	سعادة
Happy	Heureux	سعيد
Harmony	Harmonie	اسنجام
Heart	Cœur	قلب
Hedonism	Hédonisme	مذهب اللذة
Hegellanism	Hegellanisme	هيجيلية (اثر هيجل في التفكير الميتافيزيقي)
Hellenism	Hellénisme	هيلينية
Henotheism	Hénothéisme	التوحيد الجزئي
Heredity	Hérédité	وراثة
Hermeneutics	Herméneutique	التاويل ، التفسير
Hermetism	Hermétisme	الهرمسية (ديانها اسسها من يدعى هرمس المصري)
Hetero -suggestion	Suggestion par Autrui	ايحاء غيري
Heterogeneous	Hétérogène	لامتجانس
Heteronomy	Hétéronomie	الحكم الغيري
Heuristic	Heuristique	كشفي
Hierarchy	Hiérarchi	مرتبة بنظام (بالمراتب)
High	Haut	عال
Higher species	Espèce supérieure	نوع عال
Himself ,herself, itself	Soi – même	هو نفسه

Hinduism	Hinduisme	هندوسية
Historic Materialism	Matérialisme dialectique	المادية التاريخية
Historical historic	Historique	تاريخي
Historism	Historisme	نزعة (النظرة) التاريخية او المذهب التاريخي
History	Histoire	تاريخ
Holism	Holisme	نزعة (مذهب) كلية
Homeomeries	Homéoméries	المتشابهات ، اسطقسات متجانسة
Homogeneous	Homogène	متجانس
Homologous	Homologue	مماثل
Homonym	Homonyme	مشترك
Homonymy	Homonymie	الاشراك اللفظي
Honest	Honnête	فاضل ، شريف
Hormic psychology	Psychologie Hormique	علم النفس النزوعي
Human Dignity	Dignité Humaine	كرامة إنسانية
Human Sciences	Science Humaines	علوم انسانية
Human Soul	Àme Humaine	نفس انسانية
Humanism	Humanisme	النزعة الانسانية
Humanity	Humanité	انسانية
Humour	Humor	ظرافة ، فكاهة
Hussism	Hussisme	هوسية (افكار حنا هوس 1370 - 1415 الاصلاحية)
Hyle	Hylé	هيولي
Hylemorphism	Hylémorphisme	صب الهيولي الصورة - حلول

Hylozoism	Hylozoisme	صب الهيولي الحية
Hyperaestesia	Hyperethésie	افراط الحساسية
Hypermnaesia	Hypermnésie	افراط التذكر
Hyperorganism	Hyperorganisme	إفراط العضوية
Hyperspace	Hyperespace	المكان المتعدد الابعاد
Hypnosis	Hypnose	تنويم
Hypostasis	hypostase	اقنوم
Hypothesis	Hypothèse	فرضية ، فرض
Hypothetical	Hypothétique	فرضي ، شرطية
Hypothetical proposition	Proposition hypothétique	قضية شرطية
Hypothetical syllogism	Syllogisme hypothétique	قياس استثنائي متصل

I

I	**Je**	**انا**
I ,self	**Moi**	**الأنا ، الذات**
Idea	**Idée**	**فكرة ، صورة**
Ideal	**Idéal**	**مثل اعلى**
Ideal Number	**Idéal Nombre**	**عدد مثالي**
Ideal utilitarism	**Utilitarisme idéal**	**مذهب المنفعية المثالية**
Idealism	**Idéalisme**	**المثالية**
Ideality	**Idéalité**	**مثالية**
Identical	**Identique**	**هوهو**
Identification	**Identification**	**عقول بالهوية ، توحيد الذات**
Identity	**Identité**	**هوية**
Ideological	**Idéologique**	**مذهبي (ايديولوجي)**
Ideologists	**Idéologistes**	**ايديولوجيون**
Ideology	**Idéologie**	**ايديولوجية المذهبية**
Idiosyncrasy	**Idiosyncrasie**	**لوازم الشخصية**
Idiot	**Idiot**	**معتوه ، ابله**
Idol	**Idole**	**صنم**
Idols	**Idoles**	**اصنام ، اوهام (عند بيكن)**
If	**Si**	**اذا**
Ignorance	**Ignorance**	**جهل**
Ignorance of subject	**Ignorance du sujet**	**تجاهل الموضوع**
Illation*	**Illation**	**استدلال**
Illuminated	**Illuminé**	**صاحب الكشف**
Illumininsm	**Illuminisme**	**مذهب الكشف**
Illusion	**Illusion**	**دهم**

Image	Image	صورة خيال
Imagination	Imagination	خيال ، قوة التخيل
Imam	Imam	امام
Imamate	Imamat	امامة
Imbecile	Imbécile	معتوه
Imitation	Imitation	تقليد ، محاكاة
Immanence	Immanence	البطون
Immanent	Immanent	باطن
Immanent transcendentalism	Transcendantalisme	صوري لايمكن ادراكه
Immanentism	Immanentisme	مذهب البطون ، مذهب اصل الكون
Immaterialism	Immatérialisme	مذهب اللامادية
Immedialiate inference	Inférence immédiate	الاستدلال المباشر
Immediate	Immédiat	مباشر
Immobile	Immobile	لامتحرك ، ساكن
Immobility	Immobilité	سكون
Immoral	Immoral	لا اخلاقي
Immoralism	Immoralisme	اللااخلاقية
Immortality	Immortalité	خلود
Immortality of the soul	Immortalité de l'âme	خلود النفس
Imperative	Impératif	ملزم ، الامر
Imperfect syllogism	Syllogisme Imparfait	قياس غير كامل
Impersonal	Impersonnel	لاشخصي
Impersonal proposition	Impersonnelles (Prop(.	القضايا اللاشخصية

Implication	**Implication**	**تضمن**
Implicit	**Implicite**	**ضمني**
Import	**Import**	**مدلول**
Impossible	**Impassible**	**اللامنفعل**
Impossible	**Impossible**	**محال ، ممتنع**
Impression	**Impression**	**إنطباع**
Impressionistic	**Science Impression stique**	**علم انطباعي**
Improvised	**Improvisé**	**مرتجل**
Impulse	**Impulsion**	**الدافع**
Imputability	**Imputabilité**	**عزو**
In completed sentiment	**Incomplétude (sentiment d('**	**الشعور بعدم الاكتمال**
In itself	**En son**	**في ذاته**
Inadequate	**Inadéquat**	**لامطابق**
Incarnation	**Incarnation**	**حلول**
Incentive power	**Puissance Incitatrice**	**قوة باعثة**
Inceptive proposition	**Inceptive (proposition(**	**القضايا البريئة**
Inclination	**Inclination**	**الميل**
Inclusion	**Inclusion**	**الاندراج**
Incognisable	**Inconnaissable**	**غير قابل للمعرفة**
Incompatibility	**Incompatibilité**	**عناد ، تنافر**
Inconceivable	**Inconcevable**	**غير قابل للادراك**
Inconsistency	**Inconséquence**	**عدم اتساق الفكر**
Indefinables	**Indéfinissables**	**لامعرفات ، مهملة**
Indefinite	**Indéfinie**	**اللامحدود**
Indefinite proposition	**Proposition Indéfinie**	**قضية مهملة**

Independent	Indépendant	مستقل
Indetermination	Indétermination	اللاتعيين
Indeterminism	Indéterminisme	مذهب اللاحتمية ، مذهب حرية الارادة في الاخلاق
Indifference	Indifferénce	لامبالاة ، عدم الاكتراث
Indiscernible	Indiscernable	اللامتميز
Individual	Individu	فرد
Individual	Individu	فرد
Individual	Individuel	فردي ، فرد
Individual psychology	Psychologie individuelle	علم النفس الفردي
Individualism	Individualisme	نزعة ، مذهب الفردية
Individualistion	Individualisation	تفرد ، تشخص
Individuality	Individualité	الفردية
Individuation	Individuation	مبدأ الفردانية
Induction	Induction	الاستقراء
Inductive	Inductif	الاستقرائي
Inertia	Inertie	القصور الذاتي
Inference	Inférence	استدلال
Infidelity	Infidélité	كفر
Infinite	Infini	لامتناه
Infinite proposition	Proposition infinitive	قضية لامحدودة
Infinitely large	Infiniment grand	اللامتناهي في العظم
Infinitely small	Infiniment petit	اللامتناهي في الضغر
Infinity	Infinité	اللانهاية
Influence	Influence	تاثير
Influxus	Influx	التاثير

Information	**Information**	**اعلام ، اخبار**
Inherence	**Inhérence**	**ملازمة ، دخول**
Inherent	**Inhérente**	**لازم**
Inhibition	**Arrêt**	**كبت**
Inhibition	**Inhibition**	**كف**
Injustice	**Injustice**	**ظلم**
Innate	**Inné**	**فطري ، بالمولد**
Inneity ,Innateness	**Innéité**	**فطرية**
Inner Sense	**Sens Intime**	**حس باطني**
Inner speech	**Parole intérieure**	**الكلام الداخلي ، الكلام النفسي**
Innovation	**Innovation**	**تجديد**
Insanity	**Folie**	**جنون**
Inspiration	**Inspiration**	**الهام**
Instinct	**Instinct**	**غريزة**
Instrument	**Instrument**	**الة**
Instrumental) cause(	**Instrumentale (cause(**	**العلة الفاعلة**
Instrumentalism	**Instrumentalisme**	**مذهب الالة ، ذرائية**
Integration	**Intégration**	**تكامل**
Intellection	**Intellection**	**التعقل**
Intellectual	**Intellectuel**	**عقلي**
Intellectual Intuition	**Intellectuelle) intuition(**	**العيان العقلي**
Intellectual love of god	**Amour Intellectuel de Dieu**	**الحب العقلي الالهي**
Intellectual powers	**Intelligence**	**الذكاء**
Intellectualism	**Intellectualisme**	**المذهب العقلي**
Intelligible	**Intelligible**	**المعقول**

Intension	Intension	مفهوم
Intensity	Intensité	شدة
Intensive	Intensif	شديد
Intention	Intention	قصد
Interattraction	Interattraction	التجاذب
Interest	Intérêt	المصلحة
Intermediary	Intermédiaire	وسط
Intermediate	Médiateur	وسط (صفة)
Internal , Inmost	Intime	باطني
Internal interior	Intérieur et Interne	باطن
Internal Sense	Sens Intérieur	حس باطن
Interpretation	Interprétation	تاويل
Interpsychology	Interpsychologie	التفاعل النفسي بين الافراد
Interrogation	Interrogation	استشار
Interval	Intervalle	فترة
Intransitive Relation	Relation Intransitive	علاقة لازمة
Intrinsic	Intrinsèque	ذاتي
Intrinsic Force	Force Intrinséque	قوة باطنة
Intropathy	Intropathie	وحدة الشعور
Introspection	Introspection	استبطان
Introspection	Observation	استبطان
Introversion	Introversion	انطواء
Intuition	Intuition	يان ، حدس
Intuitionism	Intuitionnisme	حدسية ، الوجدانية
Intuitive	Intuitif	وجداني
Intuitive Judgments	Jugements Intuitifs	وجدانيات
Invention	Invention	خداع
Inversion	Inversion	نقيض

Involuntarily	**Involontaire**	**ادي**
Involution	**Involution**	**التضام**
Involution	**Involution**	**تطور عكسي**
Ipseity	**Ipséité**	**الهوهو**
Irascible Appetite	**Appétit irscible**	**قوة غضبية**
Irony	**Ironie**	**التهكم**
Irrational	**Irrationnel**	**اللامنطقي**
Irreversible	**Irréversible**	**غير قابل للاعادة**
Is	**Est**	**هو مسمى، رابطة سمي الوجود**
Islam	**Islam**	**اسلام**
Isonomy	**Isonomie**	**المساداة امام القانون**
Istoropie	**Isotrope**	**التجانس في المكان**

J

Jainism	Jainisme	جاينية (ديانة هندية)
Joy	Joie	سرور
Judaism	Judaïsme	يهودية
Judgment	Jugement	حكم ، يحكم
Just ,right , rightful	Juste	صواب ، عدل ، عادل
Justice	Justice	عدالة
Justification	Justification	تبرير

K

Kabbal	Kabbale	القبالة
Karma	Karma , Karman	كارما (قانون العقل في الديانة الهندوسية)
Kharidjya	Kharidjya	خاصة (مذهب الخوارج)
Kinaesthetic	Kinesthésique	حركي
Kinematics	Cinématique	علم الحركة ، كينيتيكا, النشاط الحركي
Kinesics	Kinésique	حركي
Kinetic Energy	Cinétique	طاقة حركية
Kleptomania	Cleptomanie	جنون السرقة
Know Thyself	Connais-toi	اعرف نفسك
Koran	Coran	مصحف ، القران

197

L

Language	Langue	لسان
Language	Langage	لغة
Last	Final	نهائي ، غائي
Law	Loi	قانون
Law of Absorption	Loi d'Absorption	قانون الاستنفاذ
Law of Application	Principe d' Application	قانون التطبيق
Law of Association	Loi d'Association	قانون الترابط
Law of composition	Principe de Composition	قانون التركيب
Law of contradiction	Principe de Contradiction	قانون التناقض
Law of contraposition	Principe de contraposition	قانون عكس النقيض
Law of Double negation	Principe de Négation Double	قانون النفي المزدوج
Law of Duality	Loi de Dualité	قانون الاثينية
Law of Effect	Loi de L'Effet	قانون الاثر
Law of Excluded Middle	Principe de Milieu(tiers) Exclu	قانون الوسط المزدوج
Law of homogeneity	'Homogénéité (loi d)	قانون التجانس
Law of Hypothetic syllogism	Loi de Syllogisme	قانون القياس الشرطي المتصل
Law of Identity	'Identité (principe d)	مبدأ قانون الهوية
Law of Identity	Principe d' Identité	قانون الهوية

Law of identity	Principe d' Identité	مبدأ الهوية
Law of material equivalence	Loi d' Equivalence matérielle	قانون الكافؤ المادي
Law of tautology	Loi de Tautologie	قانون تحصيل حاصل
Laws of Thought	Lois de l'esprit	قوانين الفكر
Laws of thought	Principes rationnels	قوانين الفكر
Lazy Reason	Raison Paresseuse	عقل كسول
Legality	Légalité	شرعية
Legitimate	Légitime	قانون ، شرعي
Lemma	Lemme	قضية معروضة
Lethargy , trance	Léthargie	الغيبة
Letter	Lettre	حرف
Liar	Menteur	كذاب
Liberalism	Libéralisme	فلسفة (مذهب) الحرية
Liberty	Liberté	حرية
Liberty of indifference	Liberté d' Indifférence	حرية اللامبالاة
Licit	Licite	حلال
Life	Vie	حياة
Light	Lumière	نور ، ضوء
Likely	Vraisemblable	محتمل
Limit	Limite	الحد
Limitation	Limitation	تحديد
Linguistics	Linguistique	علم اللغة
Literature	Littérature	ادب
Local	Local	محلي
Local signs	Locaux (signes)	علامات موضعية
Local time	Temps local	زمان محلي

Localization	Localisation	تحديد (في المكان)
Locke	Frustration	احباط ، اخفاق
Logic	Logique	المنطق
Logic Diagrams	Diagrammes logiques	يوم منطقية
Logic of Relations	Logique des Relations	منطق العلاقات
Logical Addition	Addition logique	حاصل الجمع المنطقي
Logical algebra	Algèbre delà logique	جبر المنطق
Logical atomism	Atomisme logique	ذرية منطقية
Logical constructionist	Constructionisme logique	تركيبة منطقة
Logical empirism	Empirisme logique	تجريبية منطقية
Logical Foundation	Fonder logiquement	التاسيس المنطقي
Logical operation	Opération logique	اجراء منطقي
Logical positivism	Positivisme logique	وضعية منطقية
Logical principles	Principes logiques	مبادئ المنطقية
Logical product	Produit logique	حاصل الضرب المنطقي
Logicism	Logicisme	النزعة المنطقية
Logicism	Logicisme	منطقية
Logistics	Logistique	لوغسطيقا ، منطق رمزي ، منطق رياضي
Logomachy	Logomachie	محاكات لفظية
Loose duties	Larges (Devoirs)	مندوبات
Love	Amour	حب
Lower	Inférieur	ادنى
Lower species	Espèce inférieure	نوع سافل
Loyalism	Loyalisme	اخلاص ، مذهب الاخلاص
Loyalty	Loyalité	اخلاص

Lyceum	Lycée	لوقين (مرسة ارسطو اسسها سنة 375 ق.م)

201

M

Machine	Machine	الة
Macrocosm	Macrocosme	ملكوت السموات ، العالم الاكبر
Magic	Magie	السحر (عالم)
Magism	Magisme	مجوسية
Maieutics	Maïeutique	التوليد (اسلوب سقراط في الجدل)
Major	Majeur	أكبر (في المنطق)
Major Premise	La Majeure	مقدمة كبرى
Major Term	Grand Terme	حد اكبر
Man of learning	Savant	عالم
Mandaeism	Mandéisme	مندائية
Mania	Manie	هوس
Manichaeism	Manichéisme	المانوية
Manners	Mœurs	السلوك التقليدي
Margimal(utility, value)	Marginal utilité, valeur	المنفعة الحدية
Marginal	Marginal	هامش
Marxism	Marxisme	ماركسية
Mass	Masse	كتلة
Material	Matériel	مادي
Material truth	Vérité matérielle	حقيقة مادية
Materialism	Matérialisme	المادية
Mathematical logic	Logique mathématique	منطق رياضي

Mathematics	Mathématique	الرياضيات
Matter	Matière	مادة
Maxim	Maxime	حكمة ، قاعدة
Maximum	Maximum	الحد الاعلى
Mazdaism	Mazdaisme	مازدية
Mazdikism	Mazdikisme	مزدكية
Means	Moyen	وسيلة ، طريق ، وسط
Measurement	Mesure	قياس
Mechanism	Mécanisme	المذهب الالي
Mediated	Médial	بتوسط
Mediation	Médiation	التوسط
Mediator	Médiateur	وسيط
Medicine	Médecine	وسط طب
Meditate	Méditer	يتامل
Meditation	Médiatation	تامل
Medium	Médium	وسط
Megalomania	Grandeurs	جنون العظمة
Megalomania	Mégalomanie	جنون العظمة
Megarian school	Ecole Mégarique	مدرسة ميغارية
Melancholia	Mélancolie	السوداء
Meliorism	Méliorisme	مذهب الاصلاحية
Memorability	Memorabilité	قابلية التذكر
Memory	Mémorie	ذاكرة
Menology	Mésologie	علم البيئة
Mental	Mental	عقلي ، ذهني
Mental – Healing	Hygiène de l' âme	الصحة النفسية
Mental blindness	La cécité mentale	العمى العقلي
Mental Experimentation	Expérimentation mentale	التجريب العقلي

Mental Reserve	Restriction mentale	تحفظ ذهني
Mentality	Mentalité	عقلية
Mercy	Mercie	رحمة
Merit ,ability	Mérite	استحقاق
Meta ethical Relativism	Relativisme Meta éthique	نسبة فوق اخلاقية
Meta geometry	Méta géométrie	مابعد الهندسة
Meta historians	Méta historiens	مؤرخون بعديون
Meta language	Méta langue	مابعد اللغة ، لغة شارحة
Meta logical	Méta logique	ما بعد المنطق
Meta mathematical	Métamathématique	ما بعد الرياضيات
Meta moral	Métamoral	ما بعد الاخلاق
Meta physics	Méta physique	ما بعد الطبيعة
Meta psychic	Méta psychique	ما بعد النفس (السيكولوجي)
Metaphysical voluntarism	Volontarisme métaphysique	مذهب الارادة الميتافيزيقي
Metempirical	Metempirique	ما بعد التجريبي
Metempsychosis	Métempsychose	التناسخ
Method	Méthode	طريقة ، منهج
Method of Agreement	Méthode de concordance	طريقة الاتفاق
Method of concomitant variations	Methode des variations conconitatantes	منهج التغيرات المساومة في التجريب والاستقرار
Method of the printed Queries	Questionnaires (méthode des)	استبيان
Methodic doubt	Doute méthodique	شك منهجي
Methodology	Méthodologie	طريقة ، منهج

Microcosm	Microcosme	العالم الاصغر
Middle	Moyenne	وسط
Middle species	Espèce moyenne	نوع متوسط
Middle term	Moyen terme	حد اوسط
Middle ,Mean, Medium Environment	Mileu	وسط ، بيئة ، محيط
Milesians	Milésiens	مدرسة ملطية (مدرسة قبل سقراط)
Millenarian doctrine	Millénaire	مذهب الالفيتين
Mimetism	Minmétisme	المحاكاة
Mind - Cure		
Minimum	Minimum	الحد الادنى
Minor	Mineur	اصغر
Minor Premise	La Mineure	مقدمة صغرى
Minor term	Petit terme	حد اصغر
Mnemonics	Mnémonique, Mnésique	منشطات الذاكرة
Mnemonics terms	Termes mnémoniques	أسماء منشطة للذاكرة
Mobile	Mobile	باعث ، قابل للحركة ، حافز
Mobilism	Mobilisme	تحركية ، التغيرية
Modal	Modal	موجه ، ذات جهة
Modal logic	Logique Modale	منطق الجهة
Modal proposition	Proposition modale	قضية موجهة
Modality	Modalité	الجهة (في القضايا)
Mode	Mode	حال (في الفلسفة)
Modern	Moderne	حديث

Modern logic	Logique Moderne	منطق حديث
Modification	Modification	تغير
Moism	Moisme	מووية (مدرسة موتزو)
Molar	Molaire	جملى
Molecular	Moléculaire	جزيئي
Molecule	Molécule	جزئ
Moment	Moment	علة الحركة ، زخم
Monadism	Minadisme	مذهب الذرات الروحية
Mondad	Monade	موناد ، الذرة الروحية
Monism	Monisme	واحدية
Mono theism	Mono théisme	توحيد
Monogenesis	Monogénisme	واحدية النشاة
Monoideism	Monoïdéisme	حصار جاني
Monomania	Monomanie	جنون احادي
Monophysism	Monophysisme	مذهب الطبيعة الواحدة
Mood	Mode	ضرب (في القياس)
Moods of syllogism	Modes syllogistique	ضروب القياس
Moral	Moral	اخلاق، خلقي، معنوي، عرفي
Moral Faculty	Faculté Morale	الملكة الخلقية
Moral Sciences	Science Morales	علوم روحية
Moral Sense	Sens Moral	حس خلقي
Moralism	Moralisme	مذهب اخلاقي
Morality	Moralité	اخلاقي ، ادب
Morphology	Morphologie	مورفولوجيا علم تشكيل الكائنات الحية
Motivation	Motivation	تعليل ، التبرير
Motive	Motif	باعث ، محرك

Motor - Idea	**Idéo – Motrice**	**الافكار المحركة**
Movement	**Mouvement**	**حركة**
Mover	**Moteur**	**محرك**
Moving power	**Puissance Motrice**	**قوة محركة**
Multiplication	**Multiplication**	**الضرب (في المنطق)**
Multiplicity	**Multiplicité**	**كثرة**
Mutation	**Mutation**	**تحول**
Mystery	**Mystère**	**سر**
Mystic	**Mystique**	**صوفي**
Mysticism	**Mysticism**	**تصوف**
Myth	**Mythe**	**اسطورة**

N

Naïve Realism	Réalisme naïf	واقعية بسيطة
Name	Nom	اسم
Nation	Nation	امة
Nationality	Nationalité	قومية
Nativism	Nativisme	فطرية المعرفة
Natural	Naturel	طبيعي
Natural Force	Force Naturelle	قوة طبيعية
Natural light	Lumière naturelle	نور العقل
Natural philosophy, physics	Physique	علم الطبيعة ، فلسفة طبيعية
Natural Realism	R&alisme Natural	واقعية طبيعية
Natural Religion	Religion naturelle	دين طبيعي
Natural Selection	Sélection Naturelle	انتخاب طبيعي
Naturalism	Naturalisme	المذهب الطبيعي
Nature	Nature	طبيعة
Naturism	Naturisme	فلسفة الطبقيين ، عبادة الطبيعة
Necessary	Nécessaire	ضرورة ، واجب
Necessitarianism	Nécessitarisme	مذهب الضرورة
Necessity	Necessité	وجوب الضرورة
Need , want	Besoin	حاجة ، افتقار
Negate	Negat	المعدول
Negation	Négation	نفي ، سالب
Negationists	Négationistes	مطلة (هم المعتزلة)
Negative	Négatif	سالب

Negative proposition	**Proposition négative**	**قضية سالبة**
Neo	**Néo**	**المحدثة**
Neo- Realism	**Néo -Réalisme**	**واقعية محدثة**
Neo scratism	**Néo scratisme**	**سقراطية محدثة**
Neo Taoism	**------**	**تاوية محدثة (مذهب اخلاقي في الزهد)**
Neo-Platonism	**Néo platonisme**	**افلاطونية المحدثة**
Neurosis	**Névrose**	**عصاب**
Neutral Monism	**Monisme, Neutraliste**	**واحدية محادية**
Next	**Prochain**	**قريب**
Nihilism	**Nihilisme**	**عدمية**
Nirvana	**Nirvana**	**الاطفاء ، نرفانا ، الفناء**
Nolition	**Nolonté**	**كبح**
Nominal	**Nominal**	**اسمي**
Nominalism	**Nominalisme**	**المذهب الاسمي ، اسمية**
Non – Being	**Néon**	**عدم**
Non- being	**Non -Etre**	**ليسية**
Non -ego	**Non- Moi**	**اللا انا ، اللاذات**
Non reflexive Relation	**Relation Non reflexive**	**علاقة لا انعكاسية**
Non symmetrical Relation	**Relation non symetrique**	**علاقة جائزة التماثل**
Non transitive Relation	**Relation non transitive**	**علاقة جائزة التعدي**
Noological Sciences	**Noologiques (sciences)**	**علوم العقلية**
Norm	**Norme**	**معيار**
Normal	**Normal**	**سوي**

Normative Relativism	Relativisme Normatif	نسبة معيارية
Normative Science	Science Normative	علم معياري
Nothing	Rien	لاشيء ، العدم
Notion	Notion	خطرة ، فكرة
Noumenon	Noumène	نومن ، الشي ذاته
Now	Instant	الان
Number	Nombre	عدد
Numerical proposition	Proposition numérique	قضية عددية
Nutritive power	Puissance Nutritive	قوة غازية

O

Obedience	Obéissance	طاعة
Object	Objet	موضوع
Objection	Objection	اعتراض
Objectivation	Objectivation	التموضع
Objective	Objectif	موضوعي
Objective Idealism	Idéalisme objectif	مثالية موضوعية
Objective Realism	Réalisme objectif	واقعية موضوعية
Objectivism	Objectivisme	مذهب الموضوعية
Objectivity	Objectivité	موضوعية
Obligation	Takilif	تكليف
Obligation	Obligation	تكليف ، التزام
Obliteration	Obliteration	طمس جميع الصفات البشرية في صفات انوار الربوبية
Obreption	Obreption	مصادرة على المطلوب
Obscurantism	Obseuratisme	مذهب التعمية
Obscure	Obscur	غامض
Obsecurity	Obsecurité	ظلمة
Obsession	Obsession	وسواس
Obversion	Obversion	نقص المحمول
Obvious	Obvie	واضح بذاته
Occamism	Occamisme	مذهب أو كام
Occam's razor	Rasoir d' Occam	نصل او كام
Occasion	Occasion	فرصة ، ظرف ، مناسبة
Occasional	Occasionnelle (Cames)	العلة الافتراظية

Occasional proposition	**Proposition occasionnelle**	**قضية اتفاقية**
Occasionalism	**Occasionalisme**	**مذهب العلل الافتراضية ، مذهب المناسبة**
Occidental philosophy	**Philosophie occidentale**	**فلسفة مربية (تنتمي الى الغرب)**
Occult	**Occulte**	**مستور ، باطني**
Occultism	**Occultisme**	**علم الباطن**
Olfactory	**Olfactif**	**شمي**
Omnipotence	**Omnipotence**	**القدرة الكلية (صفة تقال عن الـلـه)**
Omnipresence	**Omniprésence**	**الحاضرة الكلية(صفة تقال عن الـلـه)**
Omniscience	**Omniscience**	**العلم الكلي**
Omnitude	**Omnitude**	**الكل**
On interpretation	**Dé Interprétation**	**في العبارة**
One	**Un**	**واحد**
Oneirical	**Onirique**	**احلامي**
Oneirology	**Onerirologie**	**علم تعبير الرؤيا**
Oneness ,uniqueness	**Unicité**	**وحدانية**
Ontogenesis	**Ontologénèse**	**النشوء الفردي**
Ontol	**Ontol**	**المتعلق بالوجود في ذاته**
Ontological	**Ontologique**	**وجودي ، انطولوجي**
Ontological Argument	**Preuve Ontologique**	**دليل وجودي**
Ontologism	**Ontologisme**	**انطولوجيه**
Ontology	**Ontologie**	**علم الوجود ، انطولوجيا**
Operator	**Opérateur**	**عامل ، اجراء**

Ophelimity	**Ophélimité**	**القيمة الانتفاعية**
Opinion	**Opinion**	**الشك ، الظن ، الراي**
Opposition	**Opposition**	**تقابل**
Optimism	**Optimisme**	**تفاؤل**
Or	**Ou**	**او**
Order	**Ordre**	**نظام ، ترتيب**
Ordinal	**Ordinale**	**ترتيبي**
Ordonnance(method of)	**(méthode d) 'Ordonnance**	**منهج (بحث في علم النفس)، ترتيب**
Organ	**Organe**	**عضو ، الة**
Organic	**Organique**	**عضوي**
Organicism	**Organicisme**	**مذهب التعضي أي ان الحياة نتيجة للتكوين العضوي**
Organism	**Organisme**	**كائن عضوي**
Organization	**Organisation**	**تنظيم ، التعيض**
Organon	**Organon**	**اورغانون (منطق ارسطو)**
Orientalism	**Orientalisme**	**فلسفة شرقية**
Orientation	**Orientation**	**التوجيه المهني**
Origin	**Origine**	**منشأ ، اصل**
Original	**Original**	**اصيل**
Orthogenesis	**Orthogénèse**	**التكوين المستقيم**
Ostensive	**Ostensif**	**المباشر**
Other	**Autre**	**الآخر ، الغير**
Otherness	**Alternative**	**البديل**

P

Paganism	Paganisme	وثنية
Paidology	Pédologie	علم الطفل
Pain	Douleur	ألم
Pain	Peine	ألم
Palingenesis	Palingénésie	العود
Pancosmism	Pancosmisme	كلية العالم
Panentheism	Panenthéisme	وحدة الوجود ، الكل في الـلـه
Panlogism	Panlogisme	منطقية مطلقة ، المعقولية الكلية للوجود
Panpsychism	Panpsychisme	نفسانية الكل
Pantheism	Panthéisme	وحدة الوجود ، الـلـه هو الكل
Paradox	Paradoxe	مفارقة
Paradoxical proposition	Proposition paradoxale	قضية مخالفة
Parallel	Parallèle	متواز
Parallelism	Parallèlisme	مذهب التواز
Paralogism	Paralogisme	غلط (في البرهان)
Paramnesia	Paramnésie	وهم التعرف الذاكري
Paranoia	Paranoia	ذهان هذياني
Parenetic	Parénétique	وعظ
Parsimony (law of)	Parcimonie (loi de)	مبدا الاقتصاد في الفروض
Part	Parti	جزء
Part	Partie	ركن
Parti- partial	Parti- partielle	جزء - جزئية (قضية)
Parti -total	Parti- totale	جزء - كلية (قضية)

Partial Identity	Identité partielle	الهوية الجزئية
Partial Inversion	Inversion Partiale	الموضوع
Participable	Participable	حائز المشاركة
Participation	Participation	مشاركة
Particle	Particule	اداة
Particular	Particulier	جزئي ، حد جزئي
Particular proposition	Proposition particulière	قضية جزئية
Partition	Partition	تجزئ
Passion	Passion	انفعال ، هوى
Passional	Passionnel	انفعالي
Passive	Passif	منفعل ، قابل
Passivity	Passivité	انفعالية
Pathological	Pathologique	مرضي
Pathological psychology	Psychologie pathologique	علم النفس المرضي
Pathopsychology	Pathopsychologie	علم النفس المرضي
Pedagogy	Pédagogie	علم التربية
Pelagianism	Pélagianisme	بلاجية (عقدة دينية)
Penalty	Peine	عقاب
Penalty	Pénalité	عقوبة
Penitence	Pénitence	توبة
Pent	Penchant	ميل
Percept	Percept	مدريك حسي
Perception	Perception	ادراك حسي
Perceptionism	Perceptionnisme	مذهب الادراك الحسي
Percipient	Percipient	المدرك الحسي
Perdurability	Perdurabilité	الاستمرار

Perennial philosophy	Philosophie pérenne	فلسفة دائمة
Perfect	Parfait	كامل
Perfection	Perfection	كمال
Peripatetics	Péripatéticiens	مدرسة شائبة (مدرسة ارسطون اللوقيين)
Permanence	Permanence	بقاء ، ثبات
Permanence principle	Principe de la permanence	مبدأ البقاء
Perpetuity	Perpetuité	دوام
Person	Personne	شخصي
Personal	Personnel	شخصي
Personal Idealism	Idéalisme personnel	مثالية شخصية
Personalism	Personnalisme	شخصانية
Personality	Personnalité	شخصي
Personification	Personnification	تشخيص
Perspective Realism	Réalisme perspectif	واقعية المنظورات
Perspectivism	Perspectivisme	مذهب المنظورية (الخاص بالفيلسوف نيتشه)
Persuasion	Persuasion	استدراج
Persuasive syllogism	Syllogisme persuasif	قياس اقناعي
Pessimism	Pessimisme	تشاؤم
Petition principia	Pétition de prinape	المصارة على المطلوب الاول
Phalange	Phalange	فلانج (مجتمع صغير خيالي يعيش افراده على الشيوعية في الانتاج)
Phenomenalism	Phénoménisme	ظواهرية ، مذهب الظواهر
Phenomenalism	Phénoménalisme	مذهب الظواهر
Phenomenological Reduction	Réduction phénoménologique	الرد الظواهري

Phenomenology	Phénoménologie	علم الظواهر ، مذهب الظاهريات
Phenomenon	Phénomène	ظاهرة
Philanthropy	Philanthropie	الاحسان ، حب البشر
Philodoxy	Philodoxie	التفلسف الكاذب
Philodoxy	Philodoxie	تفلسف
Philosopheme	Philosophème	برهان علمي
Philosopher	Philosophe	فيلسوف
Philosophical Radicalism	Radicalisme philosophique	الجذرية الفلسفية
Philosophy	Philosophie	فلسفة
Philosophy of action	Action (philosophie de L')	فلسفة الفعل
Philosophy of Identity	Philosophie de l'Identité	فلسفة الهوية
Philosophy of identity	Philosophie de l'identité	فلسفة الهوية
Philosophy of nature	Philosophie de la nature	فلسفة الطبيعة
Philosophy of the Act	Philosophie de l'Acte	فلسفة العمل
Philosophy of the conditioned	Philosophie du conditionné	فلسفة المشروط
Philosophy of the history	Philosophie de l'histoire	فلسفة التاريخ
Philosophy of the life	Philosophie de la vie	فلسفة الحياة
Philosophy of the unconditioned	Philosophie de l'inconditionné	فلسفة اللامشروط

Phobia	Phobie	فزع مرضي
Phonoreception	Phono réception	الاحساس الصوتي الساذج
Photism	Photisme	مرضى الضوئية
Photoreception	Photo réception	الاحساس الضوئي الساذج
Phrenology	Phrénologie	الفراسة بالجمجة
Physical	Physique	فيزيقي
Physical promotion	Prémotion physique	الحركة الطبيعية القديمة
Physicialism	Physicalisme	فيزيقائية
Physico-theological	Preuve physico -théologique	دليل طبيعي لاهوتي
Physiognomy ,physiognomics	Physiogonomie	علم الفراسة
Physiological Idealism	Idéalisme physiologique	مثالية فسيولوجية
Physiological psychology	Psy physiologique	علم النفس الفسيولوجي
Physiology	Physiologie	علم وظائف الاعضاء
Pierce (principle of)	Peirce (principe de)	مبدا بيرس
Piety	Piété	تقوى
Place	Lieu	مكان ، حيز
Platonism	Platonisme	افلاطونية
Pleasure	Plaisir	لذة
Pleasure	Volupté	لذة ، شهوة
Plebeian philosophy	Philosophie plébéienne	فلسفة عامية
Plenum	Plein	ملاء
Plural (judgment)	Plural (jugement)	حكومة كثرى
Pluralism	Pluralisme	تعددية ، المذهب التعددي

Plurality	Pluralité	كثرة ، تعددية
Plurative	Pluratif	الاكثرية
Plurative proposition	Proposition plurative	قضية اكثرية
Plurivocal	Plurivoque	متعدد المعاني
Plutocracy	Ploutocartie	حكومة الاغنياء
Pneumatic	Penumatique	روحاني
Pneumatology	Pneumatologie	علم الكائنات الروحية
Poetic syllogism	Syllogisme poétique	قياس شعري
Point	Point	نقطة
Polemic	Polémique	جدلي
Polemic (method)	Polémique (Méthode)	طريقة المجادلة
Polemics	polémique	مبدأ المجادلة
Political	Politique	سياسي (رجل سياسة)
Political Economy	Economie politique	الاقتصاد السياسي
Political Science	Science politique	علم السياسة
Politics	Politique	سياسة
Polygenism	Polygénétisme ou (polygénisme)	تعدد الاصول
Polyrealism	Polyréalisme	واقعية متكثرة ، تعدد معايير الحقيقة
Polysemy	Polysémie	الاشتراك اللفظي (تعدد المعاني للفظ الواحد)
Polysyllogism	Polysyllogisme	القياس المركب
Polytheism	Polythéisme	شرك ، تعدد الالهة
Popular philosophy	Philosophie populaire	فلسفة شعبية
Populism	Populisme	شعبية
Poristic	Poristique	اعطائي (التحليل)
Position	Position	وضع

Positive	Positif	ايجابي ، وضعي
Positivism	Positivisme	وضعية
Possession	Possession	ملك
Possibility	Possibilité	امكان
Possible	Possible	يمكن باعتبار ما كان
Possible proposition	Proposition possible	قضية ممكنة
Posteriority	Postériorité	بعدية
Posthypnotic	Posthypnotiaue	اعقاب التنويم
Postpredicaments	Post-prédicaments	مابعد المقولات ، ملاحق المقولات
Postulate	Postulat	مصادرة
Potency ,power	Paissance	قوة
Potential	Potentiel	بالقوة
Potentiality	Potentialité	قدرة ممكنة
Power	Pouvoir	قوة
Practical	Pratique	عملي
Practice	Pratique	تطبيقي
Pragmatic	Pragmatique	برغماطيقي ، براجماتي
Pragmaticism	Pragmaticisme	البرغاطيقية ، البرجماتية
Pragmatism	Pragmatisme	برغماطيقية ، برجماتية
Prayer	Priére	صلاة
Pre determinism	Prédéterminisme	مذهب الحتمية ، مذهب الجبر
Pre disables	Prédicables	الكليات (الخمسة)
Pre documental	Prédicamental	تقولي
Pre formation	Préformation	نظرية الخصائص
Pre logic	Prélogique	سابق على المنطق
Precept	Précepte	فريضة

Precise	Précis	قاطع
Precision	Précision	قطع
Predecessor	Prédecésseur	طرف النهاية
Predestination	Prédestination	قدر مسبق
Predetermination	Prédétermination	الحتمية
Predicament	Predicament	مقولة
Predicate	Prédicat	حد المحمول ، المحمول
Predication	Prédication	حمل (عملية اثبات محمول الموضوع او نفيه منه)
Predicative	Prédicatif	حملي
Preestablished Harmony	Harmonie préétablie	الانسجام الازلي
Prehistory	Préhistoire	ما قبل التاريخ
Premise ,premises	Prémisse	مقدمة
Prenotion	Prénotion	تصور سابق
Preponderance	Prépondérance	ترجيح ، رجحان
Presence	Présence	حضور
Present	Présent	حاضر
Presentable Science	Science Présentable	علم حضوري
Presentation	Présentation	تقديم ، موضوعات المعرفة
Presentations	Présentationisme	حضورية فلسفة الادراك البديهي المباشر ، موضوعية المعرفة المباشرة
Presential Knowledge	Connaissance Présentielle	معرفة حضورية
Presocratic philosophy	Philosophie présocratique	فلسفة قبل سقراط
Presumption	Présomption	دعوى للوجود الموضوعي

Presuppose	Présupposé	مفروض ضمناً
Presupposition	Présupposition	مسلمة ، تسليم ، افتراض متضمن
Prevailing	Prévalence	متحكم
Price	Prix	سعر
Pride	Orgueil	عجب ، زهو ، كبرياء
Primacy	Primauté	أولوية
Primary Qualities	Qualités Premières	كيفيات اولى
Prime ,first, former	Premier	الاول
Primitive	Primitif	بدائي
Primitive men	Primitif	بدائيون
Primitive Proposition	Proposition primitive	قضية اولوية
Principle	Principe	مبدأ
Principle	Principe	مبدأ ، اصل
Principle of causality	Causalité	مذهب العلية
Principle of sufficient	Principe de Raison suffisante	مبدأ السبب الكافي
Principle Reason	Raison Suffisante	مبدا العلة الكافية
Privation	Privation	عدم او عدول ، الحرمان (في الحقوق) ، النقص
Privative	Privatif	عدمي ، العدم
Privative Proposition	Proposition privative	قضية عدمية
Probabilism	Probabilisme	احتمالية ، مذهب الاحتمالية
Probability	Probabilité	احتمال
Probable	Probable	محتمل
Problem	Problème	مشكلة
Problematic	Problématique	مشكل ، ممكن
Problematic proposition	Proposition problématique	قضية احتمالية

Process	**Processus**	**عملية**
Procession	**Procession**	**سير**
Progress	**Progrès**	**تقدم**
Progression	**Progression**	**متوالية**
Progressive	**Progressif**	**تقدمي ، متقدم**
Prohibition	**Prohibition**	**حرمة**
Project	**Projet**	**مشروع**
Projection	**Projection**	**اسقاط**
Prolegomena	**Prolégomènes**	**مقدمة**
Pronunciation ;Reason	**Prononciation; Raison**	**نطق**
Proof	**Preuve**	**دليل ، برهان**
Propaedeutic	**Propédeutique**	**مدخل**
Proper	**Propre**	**مختص ، خاصة ، خاص**
Proper accident	**Accident propre**	**عرض خاص**
Proper love	**Amour Propre**	**الكرامة ، حب الذات**
Property	**Propriété**	**ملكية**
Prophet	**Prophéte**	**نبي**
Prophetic proof	**Preuve propterique**	**برهان لما**
Proposition	**Proposition**	**قضية**
Proposition	**Proposition**	**قول جازم**
Propositional	**Propositionnel**	**قضائي**
Propositional Function	**Fonction Propositionnelle**	**الدالة القضائية**
Prosody	**Prosodie**	**علم العروض**
Prospective	**Prospectif**	**استقبالي**
Prosyllogism	**Prosyllogisme**	**قياس سابق**

Psalm book	Psautier	زبور (كتاب)
Psittacism	Psittacisme	بغائية
Psychasthenia	Psychathénie	اضطراب نفسي
Psychic	Psychique	روحاني
Psychic Hallucination	Hallucination psychiques	هلوسة نفسية
Psychical	Psychique	نفسي
Psychism	Psychisme	حياة نفسانية
Psycho statistics	Psycho- statistique	طريقة الاحصاء النفسي
Psychoanalysis	Psychanalyse	تحليل نفسي
Psychoanalysis	Psychanalyser	تحيلي نفسي
Psychogenesis	Psychodynamique	ديناميكية النفس
Psychogenesis	Psychogénèse	نشوء النفس ، نشوء العقل وتطوره
Psychognosy	Psychognosie	التشخيص النفسي
Psychograph	Psychogramme	خط بياني النفسي
Psychography	Psychographie	وصف الظواهر النفسية
Psycholepsy	Psycholepsie	هبوط نفسي
Psycholexy	Psycholexie	الوصف الكيفي للخواطر
psychological	Psychologique	نفساني
Psychological Misery	Misère psychologique	حدس نفسي
Psychological profil	Profil psychologique	رسم بياني للنفس
Psychological voluntarism	Volontarisme psychologique	مذهب الارادة السيكولوجي
Psychologism	Psychologisme	النزعة النفسية في التفسير
Psychology	Psychologie	علم النفس
Psychometric	Psychométrie	قياس الظواهر النفسية

Psychopath	Psychopathie	مرض نفسي
Psychophysical	Psychophysique	نفسي فيزيائي
Psychophysics	Psychophysique	علم النفس الفيزيائي
Psychophysiology	Psychophysiologie	نفسي فسيولوجي
Psychosis	Psychose	ذهان
Psychotechinc	Psychotechnique	التقنية النفسية
Psychotherapy	Psychothérapie	العلاج النفسي
Pure	Pur	طاهر عند الصوفية ، خالص
Pure action	Acte pur	فعل محض
Pure Being	Etre pur	موجود خالص
Pure hypothetical syllogism	Syllogisme hypothétique pur	قياس شرطي متصل مطلق
Pure love	Amour Par	حب خالص
Pure Reason	Raison Pure	العقل الخالص
Purpose	Dessein	غرض
Put in Pra	Parenthèses	حصر الفكرة أي موضوع بين حواصر
Pyrrhonism	Pyrrhonisme	مذهب فورون (في الشك المتطرف)

225

Q

Quadrilemme	Quadrilemma	احراج رباعي
Quadripartite	Quadripartie	رباعية
Qualitative	Qualitatif	كيفي
Quality	Qualité	الكيف
Quantification	Quantification	تكميم (تسوير الدلالات)
Quantification of the predicate	Théorie de la quantification du prédicat	نظرية كم المحمول
Quantification of the predicate	Quantification du prédicat	كم للمحمول
Quantitative	Quantitatif	كم ، كمى
Question	Question	مسالة ، وطلب
Questions	Question mal posée	مغالطة جميع المسائل في مسالة
Quiddity	Quiddité	ماهية
Quietism	Quiétisme	مذهب الطمانينة او السكينة في الذهب الصوفي
Quietive	Quiétif	مسكن
Quietude	Quiétude	طمانينة
Quietude	Quiétude	طمانينة
Quintain	Quintaine	موضوع متخيل للجدل
Quotity	Quotité	مجموعة متجانسة الافراد
Rabbin	Rabbin	رباني

R

Race	Race	جنس ، سلالة
Race- Course Argument	Argument du coureur	حجة المضمار او حلبة السباق
Racism	Racism	عنصرية
Radical	Radical	جذري
Rapture	Ravissement	غيبة (في التصوف)
Rational	Rationnel	عاقل ، عقلي
Rational Ethics	Ethique Rationnelle	أخلاق عقلانية
Rational or pensive Soul	Àme Pensante	نفس ناطقة
Rationalism	Rationalisme	عقلانية ، المذهب العقلي
Rationality	Rationalité	معقولية
Reaction	Réaction	رد فعل
Real ,(definitions)	Réelles (definitions)	تعريف الاشياء
Real ,True, Actual	Réel	حقيقي ، واقعي
Realism	Réalisme	الواقعية
Reality	Réalité	الواقع ، الحقيقة الواقعية
Reason	Raison	علة ، عقل
Reasonable	Raisonnable	ناطق (الانسان) ، معقول
Reasoning	Raisonnement	تدليل عقلي
Reasoning a Pari	Raisonnement a Pari	استدلال بالمثل
Reasoning by Analogy	Raisonnement Par Analogie	تمثيل
Reception	Réception	قبول ، تقبل
Receptive	Réceptif	قابل

Receptivity	Réceptivité	قابلية التاثير
Reciprocal	Réciproque	متبادل
Reciprocal proposition	Proposition réciproque	قضية تبادلية
Reciprocity	Réciprocité	تبادل ، طرد والاطراد
Recognition	Récognition	تعرف
Recollection ,Highest Good	Souverain	خير اسمي
Reconstitution	Reconstitution	معاد بمعنى البعث
Reconstructive	Reconstructive (Méthode)	المنهج التاريخي
Rectangular Charts	Cartes Rectangulaire	خرائط مستطيلة
Rectification	Rectification	استدراك
Recurrence	Récurrence	انابة ، عود
Reduction	Réduction	الرد
Reduction of syllogism	Réduction de Syllogisme	رد القياس
Reflection	Réflexion	نظر عقلي ، تامل
Reflective	Réfléchi	تاملي ، نظري
Reflective	Réflexif	تاملي ، نظري
Reflex	Réflexe	فعل منعكس
Reflexive Relation	Relation reflexive	علاقة جائزة الانعكاس
Reflexive Relation	Relation Reflexive	علاقة انعكاسية
Refutation	Réfutation	تفنيد لوضع من الاوضاع ، مناقضة
Regression	Régression	رد ، ارتداد
Regular	Régulier	منتظم ، قاعدي
Regularity	Régularité	انتظام

Regulator	Régulateur	منظم
Reign	Règne	سيادة
Reincarnation	Réincarnation	تقمص ، تناسخ
Reintegration	Rédintégration	عود المجموع الشعوري
Relation	Relation	علاقة
Relation	Rapport	علاقة ، نسبة
Relational	Relationnel	مذهب النسبية ، نسبة المعرفة
Relational proposition	Proposition relationnelle	قضية اضافة
Relative	Relatif	نسبي ، اضافي
Relative product	Produit Relatif	حاصل الضرب النسبي
Relativism	Relativisme	نسبية
Relativity	Relativité	اتصال الموضوع
Relativity of knowledge	Relativisme de la Connaissance	نسبة المعرفة
Relativity theory	Théorie de la relativité	نظرية نسبية
Religion	Religion	ديانة
Remembrance	Souvenir	ذكرى
Reminiscence	Réminiscence	ذكر ، تذكر
Remorse	Remords	وخز الضمير ، ندم
Reply	Réplique	اجابة
Representation	Représentation	تمثيل ، عرض
Representational	Réalisme Ré présentation el	واقعية تمثيلية
Representative	Représentatif	تمثيلي
Repression	Refoulement	كبت

Reproduction	Reproduction	استعادة في علم النفس
Reproductive Imagination	Imagination Reproductrice	قوة متصورة
Republic	République	جمهورية
Repugnance	Répugner	ينافر
Requisite	Réquisit	مقتضى ، مطلوب بالضرورة
Requisition	Réquisition	طلب
Resemblance	Ressemblance	مشاكلة ، تشابه
Residues(method of)	Résidus (méthode des)	طرق البواقي
Resistance	Résistance	مقاومة
Resolution	Résolution	تحليل في المنطق ، عزم في علم النفس
Respect	Respect	احترام
Responsibility	Responsabilité	مسئولية
Restrictive	Limitatif	محدود
Restrictive concepts	Limitatifs (concepts)	التصورات المحدودة
Restrictive judgments	Limitatifs (jugements)	الاحكام المحدودة
Restrictive proposition	Proposition restrictive	قضية محصورة
Retro gradation	Rétrogradation	انحدار ، ارتداد
Retrograde	Rétrograde	رجعي
Retrospection	Rétrospection	النظر الى الماضي
Retrospective	Rétrospectif	راجع الى الماضي
Revelation	Révélation	وحي
Reversible	Réversible	قابل للقلب
Revival	Réviviscence	بعث ، احياء

Revolutionary Socialism	Socialisme Révolutionnaire	اشتراكية ثورية
Rhetoric syllogism	Syllogisme rhétorique	قياس خطابي
Rhythm	Rythme	ايقاع
Right	Droit	حق
Rigorism	Rigorisme	صرامة ، مجاهدة
Romantic	Romantique	رومانسي
Romanticism	Romanticisme	الرومانسية
Root	Racine	جذر
Rule	Règle	قاعدة

S

Sabeism	Sabéisme	صائبة
Saint- Victor school	Ecole de Saint -Victor	مدرسة سان فكتور
Scapticism	Scepticisme	مذهب الشك
Scholastic	Scolastique	مدرسي
Scholastic theology	Théologie scolastique	علم الكلام
School	Ecole	مدرسة
Science	Science	علم
Scientific Method	Méthode Scientifique	منهج علمي
Scotism	Scotisme	اسكونية
Secondary Qualities	Qualités Secondes ou Secondarise	كيفيات ثانية
Secundum quid	Secundumquid	اغلوطة ، بالعرض
Seer	Visionaire	متكهن
Segregation	Ségrégation	تمييز ، تفريق
Selection	Sélection	انتخاب
Selective Realism	Réalisme Sélectif	واقعية انتقائية
Semantics	Sémantique	علم المعاني
Semiology	Sémiologie	علم الاشارات او العلامات
Sempiternity	Sempiternel	سرمد
Sensation	Sensation	احساس
Sense	Sens	معنى ، حس
Sensibility	Sensibilité	حساسية
Sensible	Sensible	حسي ، محسوس
Sensible Soul	Àme Sensible	نفس حساسة

Sensitive	**Sensitif**	**حساس**
Sensitive Soul	**Àme Sensitive**	**نفس حساسة أو حيوانية (عند ارسطو)**
Sensorium	**Sensorium**	**الحسي المشترك**
Sensory	**Sensoriel**	**مامتعلق باعضاء الحس**
Sensualism	**Sensualisme**	**المذهب الحسي**
Sensuality	**Sensualité**	**الشهوانية**
Sentence	**Sentence**	**عبارة ، جملة**
Sentimental	**Sentimental**	**عاطفي**
Separable accident	**Accident séparable**	**عرض مفارق**
Sequence	**Séquence**	**توالي**
Series	**Série**	**سلسلة**
Service	**Service**	**خدمة**
Sexual Selection	**Sélection Sexuelle**	**انتخاب جنسي**
Sight	**Vue**	**بصر**
Sign	**Signe**	**اشارة ، علامة**
Signification	**Signification**	**دلالة**
Similar , like	**Semblable**	**شبيه**
Similarity	**Similitude**	**تشابه ، مشابهة**
Simple	**Simple**	**بسيط**
Simple proposition	**Proposition Simple**	**قضية بسيطة**
Simultaneity	**Simultanéité**	**المعية في الزمان**
Sin	**Péché**	**خطيئة**
Singular proposition	**Proposition singulière**	**قضية شخصية**
Singular ,single	**Singulier**	**اسم مفرد ، جزئي**
Singularity	**Singularité**	**فردية ، جزئية**
Situation	**Situation**	**موقف**

Situations - limits	Situations - limites	مواقف حاجزة
Slavery	Esclavage	عبودية
Small philosopher	Petit philosophe	الفيلسوف الصغير
Smell	Odorat	الشم
Sobriety	Sobriété	صحو
Sociability	Sociabilité	تانس
Sociable	Sociable	انيس ، اجتماعي
Social	Social	اجتماعي
Social Idealism	Idéalisme sociale	مثالية اجتماعية
Social Mathematics	Mathématiques Sociales	علم الرياضيات الاجتماعية
Social will	Volonté sociale	الارادة الاجتماعية
Socialism	Socialisme	اشتراكية
Socialism of the Rostrum	Socialisme de la chaire	اشتراكية المنبر
Socialist Realism	Réalisme Socialiste	واقعية اشتراكية
Sociality	Socialité	علاقة اجتماعية
Society	Société	مجتمع
Sociocraty	Sociocratie	نظام الحكم الجماعي
Sociolatry	Sociolatrie	عبادة المجتمع
Sociologism	Sociologisme	التفسير بعلم الاجتماع
Sociology	Sociologie	علم الاجتماع
Solicitude	Souci	هَمْ
Solid	Solide	مجسم
Solidarism	Solidarisme	مذهب التضامن
Solidarity	Solidarité	تضامن
Solipsism	Solipsisme	الانانة (عند بن عربي)
Solitude	Solitude	خلوة

Somatic	Somatique	سوماتي ، بدني
Somnambulism	Somnambulisme	المشي اثناء النوم
Sophism	Sophisme	سفسطة
Sophist	Sophiste	سوفسطائي
Sophistical syllogism	Syllogisme sophistique	قياس سوفساطي
Sorites	Sorite	قياس مركب مفصول الناتج
Soul	Ame	نفس
Soul of All	Àme du tout	نفس الكل
Sovereignty	Souveraineté	سيادة
Space	Espèce	حيز، مكان
Spatial	Spatial	مكاني
Spatiality	Spatialité	الحيز المكاني ، المكانية
Special	Spécial	خاص ، نوعي
Species of Species	Espèce des Espèce	نوع الانواع
Specific	Spécifique	نوعي
Specific energy	Energie spécifique	طاقة نوعية
Specification	Spécification	تخصيص ، تقسيم الى انواع
Specificity	Spécificité	نوعية ، خصوص
Specious	Spécieux	ايهامي فيما يخص البرهان
Specious present	Spécieuse présent	حاضر ممتد
Speculation	Spéculation	النظر
Speculative	Spéculatif	تأملي ، نظري
Speculative Science	Science Spéculative	علم نظري
Speech	Parole	كلام
Spirit	Esprit	روح
Spiritism	Spiritisme	القول بالأرواح
Spiritual	Spirituel	روحي

Spiritualism	Spiritualisme	المذهب الروحي، روحانية
Spirituality	Spiritualité	الروحية
Spontaneous	Spontané	عفوي ، تلقائي
Spread proposition	Proposition répandue	قضية منتشرة
Stadium Argument	Argument du stade	حجة الملعب
State	État	دولة
Static	Statique	استاتيكي ، احصائي
Statistic	Statistique	احصاء
Status	Statut	وضْعْ
Statute	Statut	متسرعة
Stimulus	Excitant	مثير، مهيج
Stimulus	Stimulus	باعث ، محفز
Stoicism	Stoïcisme	رواقية
Strengthened syllogism	Syllogisme fort	قياس قوي
Strong	Fort	قوي
Structural	Structural	تركيبي
Structuralism	Structuralisme	المذهب البنيوي
Structure	Structure	بنية ، تركيب
Style	Style	اسلوب
Stylize	Styliser	يعطي اسلوبا
Subaltern	Subalternation	تداخل القضايا في المنطق
Subaltern	Subalterne	متداخل
Subconscious	Subconscient	ماتحت الشعوري
Subconsciousness	Subconscience	ما تحت الشعور
Subcontrary	Subcontraire	الدخول تحت التضاد
Subject	Sujet	حد الموضوع
Subjective	Subjectif	ذاتي

Subjective Idealism	**Idéalisme Subjectif**	**مثالية ذاتية**
Subjectivism	**Subjectivisme**	**مذهب الذاتتين**
Subjectivists	**Subjectivistes**	**عندية**
Subjectivity	**Subjectivité**	**النزعة الذاتية**
Sublimation	**Sublimation**	**التسامي**
Sublime	**Sublime**	**الجليل**
Sublime Company	**Compagne Sublime**	**ملأ اعلى**
Subliminal	**Subliminal**	**تحت عبتي**
Sublimity	**Sublimité**	**جلال**
Submissiveness	**Soumission**	**اذعان**
Subordination	**Subordination**	**تبعية**
Subsequent	**Subséquent**	**لاحقة**
Subsistent	**Subsistant**	**البقاء والدوام**
Substance	**Substance**	**جوهر**
Substantialism	**Substantialisme**	**جوهرية**
Substantiality	**Substantialité**	**جوهرية**
Substitute	**Substitut**	**بديل**
Substrate	**Substrat**	**موضوع**
Succession	**Succession**	**تسلسل ، التتالي**
Sufficient	**Suffisant**	**كاف**
Sufi	**Soufi**	**صوفي**
Sufism	**Sufisme**	**تصوف**
Suggestibility	**Suggestibilité**	**قابلية الايحاء**
Suggestion	**Suggestion**	**الايحاء**
Suggestive	**Suggestif**	**موحي**
Sunna , Orthodoxy	**Orthodoxie**	**سُنة**
Superior Science	**Science Supérieure**	**علم اعلى**
Superman	**Surhomme**	**الانسان الخارق (الاعلى)**

Supernatural	Surnaturel	خارق الطبيعة
Superstition	Superstition	خرافة
Supposition	Supposition	فرض ، تقدير
Sura	Sourate	سورة
Surrealism	Surréalisme	سريالية
Suspense	Suspension	تعليق (حكم)
Syllogism	Syllogisme	قياس
Syllogism per Impossible	Syllogisme par l'absurde	قياس الخلف
Syllogism ;of Equality	Syllogisme d' Egalité	قياس مساواة
Syllogistics	Syllogistique	مبادى الاقيسة
Symbol	Symbole	رمز
Symbolic logic	Logique Symbolique	منطق رمزي
Symbolism	Symbolisme	الرمزية
Symmetrical Relation	Relation symetrique	علاقة التماثل
Symmetry	Symétrie	تماثل
Sympathy	Sympathie	تعاطف ، مشاركة وجدانية
syncategorematics	Syncatégorèmes	الفاظ جملية تابعة
Syncretism	Syncrétisme	نزعة تلفيقية ، النزعة الى التوفيق
Synonymy	Synonymie	ترادف
Synthesis	Synthèse	موضوع ، تركيب
Synthetic	Synthétique	تركيبي
Synthetical proposition	Proposition synthétique	قضية تركيبية
System	Système	نسق ، مذهب
Systematic	Systématique	نسقي ، تنظيمي

T

Table	Table	لوحة ، لوح
Table of bacon	Tables de bacon	لوحات بيكون
Taboo	Tabou	حرام
Tabular rasa	Table rase	صفحة ملساء ، لوحة بيضاء
Tactology	Tactologie	علم الادارة
Taoism	Taoisme	اوية (المدرسة الثانية بعد الكونفوشية)
Taste	Gout	ذوق
Tautology	Tautologie	تحصيل حاصل
Technique	Technique	تقنية ، صناعة فنية
Teleological argument	Argument téléologique	دليل غنائي
Teleology	Téléologie	غائية
Telepathy	Télépathie	تخاطر
Temper	Tempérament	مزاج
Temperance	Tempérance	عفة ، قصد
Temporary proposition	Proposition temporaire	قضية وقتية
Tendency	Tendance	ميل
Tension	Tension	توتر
Term	Terme	حد
Terminism	Terminisme	الحدية
Tertiary Quality	Qualité tertiaire	كيفيات ثالثة
Test	Test	اختبار
Testimony	Témoignage	شهادة

Text	Texte	نص
The Agnostics	Les Agnostiques	لا أورية (خرفة من السوفطائية)
The One	L' Un	واحد
The Opinionated	Les Opiniâtres	العنادية
The unconditioned	L 'Inconditionné	لامشروط
The west	L'occident	الغرب
The when	Le Quand	متى
The where	L'Ou	اين
The Why	Le pourquoi	لماذا
Theism	Théisme	الالوهية ، مذهب الالهة
Theocracy	Théocratie	تيوقراطية (الحكومة التي تطبق الشريعة الدينية بدلا من القوانين الوصفية)
Theodicy	Théodicée	اللاهيات (البحث في وضع حجم المستدلين من وجود الشر في العالم على عدم وجود العناية الالهية)
Theological Ethics	Ethique Théologique	اخلاق لاهوتية
Theological voluntarism	Volontarisme théologique	مذهب الارادة اللاهوتي
Theology	Théologie	علم اللاهوت ، علم التوحيد
Theophany	Théophanie	تجل (ظهور) ذات اللـه وصفاته
Theorem	Théorème	نظرية مبرهنة
Theory	Théorie	نظرية
Theory of distribution	Théorie de la distribution	نظرية الاستفراق

Theory of energy	Théorie d' énergie	نظرية الطاقة
Theory of evolution	Théorie d' évolution	نظرية التطور
Theory of knowledge	Théorie de la connaissance	نظرية المعرفة
Theory of types(in logic)	Théorie des types (en logique)	نظرية الانماط
Theosophy	Théosophie	الروحانيات
Thesis	Thèse	موضوع ، دعوى
Thing	Chose	الشئ
Thingness	Choisime	مدرسة التشيؤ
Thinking	Penser	يفكر (تفكير)
This	Ce	هذا
Thisness	Haeccéité (Eccéité)	هاذية من هذا
Thomism	Thomisme	توساوية (مذهب توما الاكويتي)
Thought	Pensée	فكر
Threshold	Seuil	عتبة
Throne	Trône	عرش
Time	Temps	زمان
To admit, to assume	Admettre	يسلم بكذا
To be	Etre (v)	يكون
To be able, may , can	Pouvoir	يمكن
To be passive	Pâtir	ينفعل
To Comprehend	Comprendre	يفهم
To denominate, to Name	Qualifier	ينعت
To exist	Exister	يوجد
To explain	Expliquer	يشرح

To found	Fonder	يؤسس
To Imply	Impliquer	يتضمن
To inform	Informer	يخبر ، يعطي الصورة
To know again	Reconnaître	يتعرف
To mediate	Médiatiser	يتوسط
To order	Ordonner	يرتب
To Quantity	Quantifier	يكمم ، يحصر
To reduce	Réduire	يرد
To Represent	Représenter	يمثل
To Resist	Résister	يقاوم
To Resort	Rétorquer	يرد الحجة
To state	Statuer	يقرر
To try	Expériencer	يجرب
Tolerance	Tolérance	تسامح
Totalitarianism	Totalitarisme	كليانية (نظرية الحزب الواحد في الحكم)
Totem	Totem	الطوطم
Totemism	Totémisme	الطوطمية
Toto -partial	Toto- partielle	قضية كل جزئية
Toto -total	Toto -totale	قضية كل كلية في نظرية كم المحمول عند هاملتون
Touch	Toucher	لمس
Tradition	Tradition	حديث ، السنة الموروثة ، النقل
Traditional Science	Science Traditionnelle	علم نقلي
Transcendent	Transcendent	مفارق
Transcendent	Transcendant	مفارق ، عالٍ

Transcendent Idealism	Idéalisme Transcendant	مثالية مفارقة
Transcendental	Transcendantal	متعال (عند كانت)
Transcendental apperception	Aperception Transcendantale	ادراك متعال او الانا البحته
Transcendental logic	Logique Transcendantale	منطق متعال
Transcendental Place	Lieu transcendental	المكان المتعالي
Transcendental Realism	Réalisme transcendantal	واقعية متعالية
Transfer ,transference	Transfert	نقلة
Transfinite	Transfini	عبر نهائي (نظرية العدد عند كانتور)
Transformation	Transformation	استحالة
Transformism	Transformisme	مذهب التحول او التطور
Transitive Relation	Relation Transitive	علاقة التعدي
Transitivity	Transitivité	التعدي (في الخواص المنطقية)
Treachery	Tricherie	غش
Tree	Arbre	شجرة
Tree of Porphyry	Arbre de Porphyre	شجرة فورفوريوس
Trial and Error	Essayage et Erreur	محاولة وخطأ
Trifling Propositions	Frivole Proposition	القضايا التافهة
True	Vrai	حق
True proposition	Proposition varie	قضية صادقة
True ,actual	Véritable	صادق ، حق
Truth -table	Table de verité	قائمة الصدق

Truthful	Véridique	صادق
Truthfulness	Véridicité	صديقية ، صدق
Type	Type	نمط ، نموذج

U

Ubiquitous	Ubiquiste	موجود في كل مكان
Ubiquity	Ubiquité	في كل مكان
Ugliness	Laideur	قبح
Ugly	Laid	قبيح
Un conscious	Inconscient	اللاوعي
Unanimity	Unanimité	اجماع
Unanimous	Unanimisme	اجماعية
Uncomplex	Incomplexe	لامركبة
Uncomprehended	In compréhensible	غير قابل للفهم
Unconditional	Inconditionné	لا مشروط
Uncoordonable	Incoordonnable	لا يقبل التنسيق
Undemonstrable	Indémontrable	غير قابل للبرهنة
Understanding	Entendement	ملكة الفهم
Understanding intellect	Intellect	عقل
Understructure	Infrastructure	البطانة ، الاساس
Undivided	Indivis	لامنقسم
Uneasiness ,Rest lessness	Inquiétude	قلق
Unintelligible	Inintelligible	لامفهوم ، لامعقول
Union	Union	وصال
Unique	Unique	فريد ، متفرد
Unity	Unité	وحدة
Universal	Universel	كلي
Universal consenus	Consentement Universel	اجماع عام

Universal language	Langue universelle	لغة عالمية
Universal proposition	Proposition universelle	قضية كلية
Universal Soul	Àme Universelle	نفس كلية
Universality	Universalité	كلية
Universe	Univers	عالم
Universe of discourse	Univers du discours	عالم المقال
Univocal (univoque)	Univoque	اسم متواطئ
Univocation	Univocation	تواطؤ
Unknown	Inconnu	مجهول
Unrepeated law of association	Inséparable (loi d ' association)	قانون الترابط اللامنفصل
Unstability of mind	Instabilité mentale	خلل عقلي
Unveiling	Dévoilement	كشف
Upanishads	Upanishads	يوبانيشاد (تعليمات فلسفية عن كتب فيدا الهندية الاربعة)
Utilitarism	Utilitarisme	المنفعية
Utopia	Utopie	يوطوبيا (المثالية)
Utopian Socialism	Socialisme Utopique	اشتراكية خيالية
Utopianism	Utopianisme	طوباوية (مثالية)

V

Vacuum	**Vide**	**خلاء ، خال**
Vain	**Vain**	**عبث**
Valentinianism	**Valentinianisme**	**فالنتينية**
Valid	**Valide**	**صادق ، منعقد**
Valid proposition	**Proposition valide**	**قضية صحيحة**
Value	**Valeur**	**قيمة**
Value Judgment	**Jugement de Valeur**	**حكم تقويمي**
Variable	**Variable**	**متغير (في الدالة)**
Variations	**Variations**	**متغيرات**
Vegetative power	**Puissance Végétative**	**قوة نهائية**
Vegetative Soul	**Àme Végétative**	**نفس نباتية**
Venn Diagram	**Diagramme de Venn**	**يم فن (نسبة الى عالم المنطق الانكليزي)**
Veracity,truthfulness	**Véracité**	**صدق**
Verbal	**Verbal**	**لفظي**
Verbalism	**Verbalisme**	**نزعة لفظية**
Verbosity	**Verbosité**	**اطناب**
Verifiable	**Vérifiable**	**قابل للتحقيق**
Verification	**Vérification**	**تحقيق**
Vicars	**Vicaires**	**نقباء**
Vice	**Vice**	**رذيلة**
Vicious Circle	**Cercle Vicieux**	**دور محال ، دور فاسد**
Vienna Circle	**Cercle de Vienne**	**جماعة فينا**
Violence	**Violence**	**عنف**
Virtual	**Virtuel**	**ممكن**

Virtual Judgment	Jugement virtuel	حكم ممكن
Virtue	Vertu	فضيلة
Virtuous	Vertueux	فاضل
Vision	Vision	رؤية
Vision in god	Vision en dieu	الرؤية في الله
Visual Arts	Arts Visuels	فنون منظورة
Visualize	Visualiser	يتوهم انه يرى
Vital	Vital	حيوي
Vital Impetus	Elan Vital	سورة حيوية
Vitalism	Vitalisme	مذهب الحيوية
Vividness	Vividité	وضوح
Vocation	Vocation	وسامة (دينية)
Volition	Volition	فعل ارادي
Volume	Volume	حجم
Voluntarism	Volontarisme	مذهب الارادة
Voluntarist	Volontariste	من اتباع مذهب الارادة

W

Wager	Pari	رهان
Waiting	Attente	ترقب ، انتظار
Water	Eau	ماء
We	Nous	نحن
Weak	Faible	ضعيف (في علم النفس)، اخس (في المنطق)
Weakened syllogism	Syllogisme faible	قياس ضعيف
Wealth	Richesse	ثروة
Will	Vouloir	اراد
Will	Volonté	ارادة
Will of conscience	Volonté de conscience	ارادة الوعي بالذات
Will of power	Volonté de puissance	ارادة القوة
Will to believe	Volonté de croire	ارادة الاعتقاد
Will to live	Volonté de vivre	ارادة الحياة
Wisdom	Sagesse	حكمة
Wonder	Miracle	معجزة
Word	Verbe	كلمة ، لفظ بالقوة او بالفعل
World	Monde	عالم
World Soul	Àme du mande	نفس كلية
World soul	Esprit du monde	روح العالم

Y

Yin Yang school	Ecole de Yin Yang	مدرسة ألين واليانج
Yoga	Yoga	يوجا
Yoga care	Yoga ara	جاكارا (مدرسة بوذية تاخذ بنظرية اليوجا)

Z

Zetetic	Zététique	بحثي (تلاميذ بيرون المشككون)
Zoroastrianism	Zoroastrisme	الزرادشتية
Zurvanism	Zurvanisme	الزورفانية
	Matérialisme historique	المادية الجدلية
		انحراف (المعنى السيكولوجي)
		تحول (في التصوف)
		شذوذ (المعنى الثانوي)
	Brahman	
	Hétéronyme	
	Millénariste Doctrine	
	Mnémotechnie ,	
	Mnémotechnique	

عربي (انكليزي - فرنسي)

Arabe	Anglais	Français
أ		
ابة فوضوية	Anarcho-syndicalism	Anarcho-syndicalisme
اتصال ، استمرارية	Continuity	Continuité
اتصال الموضوع	Relativity	Relativité
اتفاع العقل مع نفسه	Consistency	Conséquence
اثبات	Assertion	Assertion
اثبات ، الايجاب ، ثبوت	Affirmation	Affirmation
اجابة	Reply	Réplique
اجتماعي	Social	Social
اجتهاد	Diligence	Diligence
اجراء الاكمال	Complementation	Complémentation
اجراء منطقي	Logical operation	Opération logique
اجماع	Unanimity	Unanimité
اجماع عام	Universal consenus	Consentement Universel
اجماعية	Unanimous	Unanimisme
احباط ، اخفاق	Locke	Frustration
احترام	Respect	Respect
احتمال	Probability	Probabilité
احتمالية،مذهب الاحتمالية	Probabilism	Probabilisme
احراج رباعي	Quadrilemme	Quadrilemma
احرج، قياس	Dilemma	Dilemme
احساس	Sensation	Sensation
احساسات طرفية	Articular sensation	Articulaire
احصاء	Statistic	Statistique
احلام اليقضة	Day- dream,Dreaming	Rêverie

احلامي	Oneirical	Onirique
احوال الضمير	Casuistry	Casuistique
اختبار	Test	Test
اختلاقية (فلسفة كان)	Factionalism	Fictionalisme
اختيار	Choice	Choix
اخلاص	Loyalty	Loyalité
اخلاص، مذهب الاخلاص	Loyalism	Loyalisme
اخلاق الاستحسان	Approbative ethics	Ethique d'approbation
اخلاق لاهوتية	Theological Ethics	Ethique Théologique
اخلاق، خلقي، معنوي، عرفي	Moral	Moral
اخلاقي، ادب	Morality	Moralité
اخوان الصفا	Brethren of Purity	Frères de pureté
اداة	Particle	Particule
ادب	Literature	Littérature
ادراك	Apprehension	Appréhension
ادراك ، معرفة	Cognition	Cognition
ادراك حسي	Perception	Perception
ادراك عام	Common sense	Commun (sens)
ادراك فاعل	Active apperception	Aperception active
ادراك متعال او الانا البحته	Transcendental apperception	Aperception Transcendantale
ادراك واع	Apperception	Aperception
ادنى	Lower	Inférieur
ادي	Involuntarily	Involontaire
اذا	If	Si

اذعان	Submissiveness	Soumission
اراد	Will	Vouloir
ارادة	Will	Volonté
ارادة الاعتقاد	Faith confession	Foi (Acte de)
ارادة الاعتقاد	Will to believe	Volonté de croire
ارادة الحياة	Will to live	Volonté de vivre
ارادة القوة	Will of power	Volonté de puissance
ارادة الوعي بالذات	Will of conscience	Volonté de conscience
ارتباطي	Associative	Associatif
ارستوقراطية	Aristocracy	Aristocratie
ارسطية	Aristotelianism	Aristotélisme
ارواحية، المذهب الحيوي، حيوية الموادة	Animism	Animisme
ازدراء الالم ، تبلد الحس	Apathy , apathia	Apathie
ازدواج الصورة البصرية	Diplopia	Diplopie
اساس	Foundation	Fondement
استاتيكي ، احصائي	Static	Statique
استبطان	Introspection	Introspection
استبطان	Introspection	Observation
استبيان	Method of the printed Queries	Questionnaires (méthode des)
استثناء	Exceptive	Exceptive
استحالة	Transformation	Transformation
استحالة (التغيير في الكيف)	Alteration	Altération
استحسان	Approbation	Approbation
استحقاق	Merit, ability	Mérite
استدراج	Persuasion	Persuasion
استدراك	Rectification	Rectification

استدلال	Illation*	Illation
استدلال	Inference	Inférence
استدلال بالمثل	Reasoning a Pari	Raisonnement a Pari
استشار	Interrogation	Interrogation
استطاعة ، قدرة على	Capability	Capabilité
استطراد	Digression	Digression
استعادة في علم النفس	Reproduction	Reproduction
استغراق	Distribution	Distribution
استغراقي	Distributive	Distributif
استقبالي	Prospective	Prospectif
استقلال ، سلطة ذاتية	Autonomy	Autonomie
استنباط	Deduction	Déduction
استنتاج	Consequence	Conséquence
استهلاك	Consumption	Consommation
اسرة	Family	Famille
اسطورة	Myth	Mythe
اسقاط	Projection	Projection
اسكونية	Scotism	Scotisme
اسلام	Islam	Islam
اسلوب	Style	Style
اسم	Name	Nom
اسم جنس	Generic Name	Nom Générique
اسم ذات	Concrete term	Terme concret
اسم علم	Common Name	Nom Commum
اسم متواطئ	Univocal (univoque(	Univoque
اسم معنى	Abstract term	Terme abstrait
اسم مفرد ، جزئي	Singular, single	Singulier
اسمي	Nominal	Nominal

اسنجام	Harmony	Harmonie
اشارة ، علامة	Sign	Signe
اشتراكية	Socialism	Socialisme
اشتراكية المنبر	Socialism of the Rostrum	Socialisme de la chaire
اشتراكية تجريبية	Experimental Socialism	Socialisme Expérimental
اشتراكية ثورية	Revolutionary Socialism	Socialisme Révolutionnaire
اشتراكية خلقية	Ethical Socialism	Socialisme Ethique
اشتراكية خيالية	Utopian Socialism	Socialisme Utopique
اشتقاق	Derivation	Dérivation
اشكال القياس	Figures of Syllogism	Figure du Syllogisme
اصغر	Minor	Mineur
اصنام ، اوهام (عند بيكن)	Idols	Idoles
اصيل	Original	Original
اصيل ، حقيقي	Authentic	Authentique
اضطراب نفسي	Psychasthenia	Psychathénie
اطناب	Verbosity	Verbosité
اعتبار	Consideration	Considération
اعتباطي	Arbitrary meaning	Arbitraire (subst(.
اعتراض	Objection	Objection
اعرف نفسك	Know Thyself	Connais-toi
اعطائي (التحليل)	Poristic	Poristique
اعقاب التنويم	Posthypnotic	Posthypnotiaue
اعلام ، اخبار	Information	Information
اغلوطة ، بالعرض	Secundum quid	Secundumquid
افراط التذكر	Hypermnaesia	Hypermnésie

افراط الحساسية	Hyperaestesia	Hyperethésie
افلاطونية	Platonism	Platonisme
افلاطونية المحدثة	Neo-Platonism	Néo platonisme
افلاطونيو كمبرج	Gambridge Platonists	Platoniciens de Gambridge
اقتران	Conjunction	Conjonction
اقتصاد، تدبير المنزل	Economy	Economie
اقنوم	Hypostasis	hypostase
اكاديمية، انكار الحقيقة	Academy	Académie
اكتساب	Acquisition	Acquistion
الاتساق	Coherence	Cohérence
الاجرام	Criminality	Criminalité
الاحساس الصوتي الساذج	Phonoreception	Phono réception
الاحساس الضوئي الساذج	Photoreception	Photo réception
الاحسان ، المحبة	Charity	Charité
الاحسان ، حب البشر	Philanthropy	Philanthropie
الاحكام المحدودة	Restrictive judgments	Limitatifs (jugements)
الاخراج الى الفعل	Actualizing	Actualisation
الارادة الاجتماعية	Social will	Volonté sociale
الارادة الخيرة	Good will	Volonté (bonne)
الارادة الشريرة	Bad will	Volonté (mauvaise)
الارادة العامة	General will	Volonté général
الازدواج	Duplication	Dédoublement
الاستدلال المباشر	Immedialiate inference	Inférence immédiate
الاستقراء	Induction	Induction
الاستقراء الأرسطي	Epagoic	Epagogique

الاستقرائي	Inductive	Inductif
الاستمرار	Perdurability	Perdurabilité
الاشتباه او الاشتراك المتعالي (عند كانت)	Amphibolia	Amphibolite
الاشتراك اللفظي (تعدد المعاني للفظ الواحد)	Polysemy	Polysémie
الاشراك اللفظي	Homonymy	Homonymie
الاطفاء ، نرفانا ، الفناء	Nirvana	Nirvana
الاعتقاد	Belief	Croyance
الافراد	Application	Extension
الافكار الطارئة (عند ديكارت)	Adventitious	Adventice
الافكار المحركة	Motor - Idea	Idéo – Motrice
الاقتران	(Association by) Contiguity	Contigüité
الاقتصاد السياسي	Political Economy	Economie politique
الاكثرية	Plurative	Pluratif
الالوهية ، مذهب الالهة	Theism	Théisme
الالية	Automation	Automate
الان	Now	Instant
الانانة (عند بن عربي)	Solipsism	Solipsisme
الانانية	Egoism	Egoïsme
الانتقائية، الفلسفة التلفيقية	Eclecticism	Eclectisme
الاندراج	Inclusion	Inclusion
الانسان الخارق (الاعلى)	Superman	Surhomme
الانسجام الازلي	Preestablished Harmony	Harmonie préétablie
الانية(تحقق الوجود العيني)،الماهية	Ecceity	Eccéité, haeccéité

الاول	Prime, first, former	Premier
الايحاء	Suggestion	Suggestion
الايحاء الذاتي	Auto -suggestion	Auto- Suggestion
الآخر ، الغير	Other	Autre
الآلة الحاسبة	Abax	Abaque
الأنا ، الذات	I, self	Moi
الأوهيميرية (نظرية أوهيميروس القائلة بان الآلهة ليسو سوى ابطال آدميين)، نظرية تأليه الابطال	Euthemerism	Euthémérisme
البديل	Otherness	Alternative
البرغاطيقية ، البرجماتية	Pragmaticism	Pragmaticisme
البطانة ، الاساس	Understructure	Infrastructure
البطون	Immanence	Immanence
البقاء والدوام	Subsistent	Subsistant
الة	Instrument	Instrument
الة	Machine	Machine
التاثير	Influxus	Influx
التاسيس المنطقي	Logical Foundation	Fonder logiquement
التالي	Consequent	Conséquent
التاويل ، التفسير	Hermeneutics	Herméneutique
التباس ، ازدواج المعنى	Ambiguity	Ambiguïté
التجاذب	Interattraction	Interattraction
التجانس في المكان	Istoropie	Isotrope
التجريب	Experimentation	Expérimentation
التجريب العقلي	Mental Experimentation	Expérimentation mentale
التسامي	Sublimation	Sublimation

التشخيص النفسي	Psychognosy	Psychognosie
التصورات المحدودة	Restrictive concepts	Limitatifs (concepts(
التضام	Involution	Involution
التطهير	Catharisis	Catharsis
التعدي (في الخواص المنطقية)	Transitivity	Transitivité
التعريف الانشائي	Constructive definition	Constructive)définition(
التعقل	Intellection	Intellection
التفاعل النفسي بين الافراد	Interpsychology	Interpsychologie
التفسير المطلع	Anagogic Interpretation	Anagogique
التفسير بعلم الاجتماع	Sociologism	Sociologisme
التفلسف الكاذب	Philodoxy	Philodoxie
التقنية النفسية	Psychotechinc	Psychotechnique
التكوين المستقيم	Orthogenesis	Orthogénèse
التماس	Contact	Contact
التموضع	Objectivation	Objectivation
التناسخ	Metempsychosis	Métempsychose
التهكم	Irony	Ironie
التوجيه المهني	Orientation	Orientation
التوحيد الجزئي	Henotheism	Hénothéisme
التوسط	Mediation	Médiation
التوليد (اسلوب سقراط في الجدل)	Maieutics	Maïeutique
الجذرية الفلسفية	Philosophical Radicalism	Radicalisme philosophique
الجليل	Sublime	Sublime

الجهة (في القضايا)	Modality	Modalité
الحاضرة الكلية(صفة تقال عن اللـه)	Omnipresence	Omniprésence
الحب العقلي الالهي	Intellectual love of god	Amour Intellectuel de Dieu
الحتمية	Predetermination	Prédétermination
الحد	Limit	Limite
الحد الادنى	Minimum	Minimum
الحد الاعلى	Maximum	Maximum
الحدية	Terminism	Terminisme
الحركة الطبيعية القديمة	Physical promotion	Prémotion physique
الحزن عند الصوفية، الوجد	Extasy	Extase
الحسي المشترك	Sensorium	Sensorium
الحكم الغيري	Heteronomy	Hétéronomie
الحل (ضد التركيب)	Dissolution	Dissolution
الحيز المكاني ، المكانية	Spatiality	Spatialité
الخبر	Apophantic	Apophantique
الخوارزمية ، عدد عشري	Algorithim	Algorithme
الخوف من الاماكن المغلقة	Claustrophobia	Claustrophobie
الدافع	Impulse	Impulsion
الدالة القضائية	Propositional Function	Fonction Propositionnelle
الدخول تحت التضاد	Subcontrary	Subcontraire
الدليل الكوني على وجود اللـه	Cosmological Argument	Cosmologique) preuve(
الديناميكا	Dynamics	Dynamique
الذكاء	Intellectual powers	Intelligence
الرؤية في اللـه	Vision in god	Vision en dieu

الرأسمالية	Capitalism	Capitalisme
الرد	Reduction	Réduction
الرد الظواهري	Phenomenological Reduction	Réduction phénoménologique
الرمزية	Symbolism	Symbolisme
الروحانيات	Theosophy	Théosophie
الروحية	Spirituality	Spiritualité
الرومانسية	Romanticism	Romanticisme
الرياضيات	Mathematics	Mathématique
الزرادشتية	Zoroastrianism	Zoroastrisme
الزهد	Abstinence	Abstinence
الزورفانية	Zurvanism	Zurvanisme
السحر (عام)	Magic	Magie
السلوك التقليدي	Manners	Mœurs
السوداء	Melancholia	Mélancolie
الشئ	Thing	Chose
الشعور بعدم الاكتمال	In completed sentiment	Incomplétude (sentiment d('
الشك ، الظن ، الراي	Opinion	Opinion
الشم	Smell	Odorat
الشهوانية	Sensuality	Sensualité
الصحة النفسية	Mental – Healing	Hygiène de l' âme
الصّداء	Echolalia ,Echophasia	Echolalie
الصفاتية الذين يثبتون لله تعالى صفات ازلية	Affirmers	Affirmeurs
الصورة اللاحقة	Consecutive	Images consécutives
الصورة المختلفة	After Image	Consécutive (Image(

265

الضرب (في المنطق)	Multiplication	Multiplication
الطوطم	Totem	Totem
الطوطمية	Totemism	Totémisme
العالم الاصغر	Microcosm	Microcosme
العشيرة	Clan	Clan
العقل الخالص	Pure Reason	Raison Pure
العلاج النفسي	Psychotherapy	Psychothérapie
العلة الافتراظية	Occasional	Occasionnelle (Cames)
العلة الفاعلة	Instrumental (cause)	Instrumentale (cause)
العلة النهائية	Final Canes	Cause Finale
العلم الكلي	Omniscience	Omniscience
العماء	Chaos	Chaos
العمى	Blindness	Cécité
العمى العقلي	Mental blindness	La cécité mentale
العنادية	The Opinionated	Les Opiniâtres
العود	Palingenesis	Palingénésie
العود الابدي	Endless Return of every thing	Retour éternel
العيان العقلي	Intellectual Intuition	(intuition) Intellectuelle
الغرب	The west	L'occident
الغيبة	Lethargy , trance	Léthargie
الغيرية	Alterity	Altérité
الفاظ جملية اصيلة	Categorematics	Catégorèmes
الفاظ جملية تابعة	syncategorematics	Syncatégorèmes
الفراسة بالجمجة	Phrenology	Phrénologie
الفراسة بالخط	Graphism	Graphisme

الفردية	Individuality	Individualité
الفعالية	Activity	Activité
الفلسفة الديكارتية	Cartesianism	Cartésianisme
الفوضى	Anarchism	Anarchisme
الفيلسوف الصغير	Small philosopher	Petit philosophe
الفيلسوف القبالي	Cabalist	Cabaliste
القانون التوزيعي	Distributive	Distributive (Loi)
القبالة	Kabbal	Kabbale
القدرة الكلية (صفة تقال عن الله)	Omnipotence	Omnipotence
القديين ، جبرية	Fatalists	Fatalistes
القصور الذاتي	Inertia	Inertie
القضايا البريئة	Inceptive proposition	Inceptive (proposition)
القضايا التافهة	Trifling Propositions	Frivole Proposition
القضايا اللاشخصية	Impersonal proposition	Impersonnelles (Prop.)
القضية التبادلية	Alternative proposition	Alternative
القول بالأرواح	Spiritism	Spiritisme
القول بالتشكيك	Equivocal, Equivocation	Equivoque
القياس الإضماري	Enthymeme	Enthymème
القياس السائق الى المحال	Apagogic	Apagogique
القياس الظني (المعلل)	Epicheirema	Epichérème
القياس المركب	Polysyllogism	Polysyllogisme
القيام بالذات	Aseity	Abalièté
القيمة الانتفاعية	Ophelimity	Ophélimité

الكائن، الشيء الموجود	Entity	Entité
الكرامة ، حب الذات	Proper love	Amour Propre
الكل	Omnitude	Omnitude
الكلام الداخلي ، الكلام النفسي	Inner speech	Parole intérieure
الكليات (الخمسة)	Pre disables	Prédicables
الكيف	Quality	Qualité
اللا انا ، اللاذات	Non- ego	Non- Moi
اللااخلاقية	Amoralism	Amoralisme
اللااخلاقية	Immoralism	Immoralisme
اللاادري	Agnostic	Agnostique
اللاتعيين	Indetermination	Indétermination
اللاقياسي	Asyllogistic	Asyllogistique
اللامتميز	Indiscernible	Indiscernable
اللامتناهي في الصغر	Infinitely small	Infiniment petit
اللامتناهي في العظم	Infinitely large	Infiniment grand
اللامحدود	Indefinite	Indéfinie
اللامنطقي	Antilogy	Antilogique
اللامنطقي	Irrational	Irrationnel
اللامنفعل	Impossible	Impassible
اللانهاية	Infinity	Infinité
اللاهيات (البحث في وضع حجم المستدلين من وجود الشر في العالم على عدم وجود العناية الالهية)	Theodicy	Théodicée
اللاوعي	Un conscious	Inconscient
اللمس (علم النفس)	Contact	Contact
اللـه ، رب	God	Dieu

المادية	Materialism	Matérialisme
المادية التاريخية	Historic Materialism	Matérialisme dialectique
المادية الجدلية		Matérialisme historique
الماصدق (ما صدق اللفظ)	Denotation	Dénotation
المانوية	Manichaeism	Manichéisme
المباشر	Ostensive	Ostensif
المتشابهات ، اسطقسات متجانسة	Homeomeries	Homéoméries
المتعلق بالوجود في ذاته	Ontol	Ontol
المتناقض	Contradictory	Contradictoire
المثالية	Idealism	Idéalisme
المحاجة	Argumentation	Argumentation
المحاكاة	Mimetism	Minmétisme
المحدثة	Neo	Néo
المدد الالهي (عند ديكارت)	Competitive examination	Concours
المدرك الحسي	Percipient	Percipient
المذهب الاسمي ، اسمية	Nominalism	Nominalisme
المذهب الالي	Mechanism	Mécanisme
المذهب البنيوي	Structuralism	Structuralisme
المذهب الحسي	Sensualism	Sensualisme
المذهب الروحي، روحانية	Spiritualism	Spiritualisme
المذهب الطبيعي	Naturalism	Naturalisme
المذهب العقلي	Intellectualism	Intellectualisme
المذهب الكلامي	Dialectico-Theological	Raisonnement Dialectico - Théologique

269

	Argument	
المذهب الموضوعي الاخلاقي	Ethical Objectivism	Objectivisme Ethique
المساداة امام القانون	Isonomy	Isonomie
المستقبلية	Futurism	Futurisme
المشي اثناء النوم	Somnambulism	Somnambulisme
المصارة على المطلوب الاول	Petition principia	Pétition de prinape
المصلحة	Interest	Intérêt
المعدول	Negate	Negat
المعرفة (علم مطلق)	Cognition	Connaissance
المعقول	Intelligible	Intelligible
المعنى الاستغراقي	Distributive	Distributif
المعية في الزمان	Simultaneity	Simultanéité
المكان المتعالي	Transcendental Place	Lieu transcendental
المكان المتعدد الابعاد	Hyperspace	Hyperespace
الملكة الخلقية	Moral Faculty	Faculté Morale
المنطق	Logic	Logique
المنطق اللوغارتمي	Algorithmic	Algorithmique
المنفعة الحدية	Margimal (utility,value)	Marginal utilité, valeur
المنفعية	Utilitarism	Utilitarisme
المنهج التاريخي	Reconstructive	Reconstructive (Méthode)
المواضيع الجدلية	Common place topics	Lieux communs
الموضوع	Partial Inversion	Inversion Partiale
الميل	Inclination	Inclination
النزعة الانسانية	Humanism	Humanisme

النزعة الجماعية	Collectivism	Collectivisme
النزعة الذاتية	Subjectivity	Subjectivité
النزعة المنطقية	Logicism	Logicisme
النزعة النفسية في التفسير	Psychologism	Psychologisme
النشوء الفردي	Ontogenesis	Ontologénèse
النظر	Speculation	Spéculation
النظر الى الماضي	Retrospection	Rétrospection
النظرية الذرية	Atomistic theory	Atomistique
النظرية الذرية	Atomic theory	Atomique (théorie)
الهام	Inspiration	Inspiration
الهرمسية (ديانها اسسها من يدعى هرمس المصري)	Hermetism	Hermétisme
الهوهو	Ipseity	Ipséité
الهوية الجزئية	Partial Identity	Identité partielle
الواقع ، الحقيقة الواقعية	Reality	Réalité
الواقعية	Realism	Réalisme
الواقعية النقدية	Critical Realism	Réalisme critique
الوجود	Being	Etre (substantive)
الوجود	Existence	Existence
الوجود بالذات	Aseity	Aséité
الوجودية	Existentialism	Existentialisme
الوصف الكيفي للخواطر	Psycholexy	Psycholexie
الولاء ، الطاعة	Allegiance	Allégeance
امام	Imam	Imam
امامة	Imamate	Imamat
امة	Nation	Nation
امتداد	Extension	Etendue
امتدادي	Extensive	Extensif

271

امكان	Possibility	Possibilité
امهات الفضائل	Cardinal virtues	Cardinales (Vertus(
انا	I	Je
انابة ، عود	Recurrence	Récurrence
انبثاق	Fulguration	Fulguration
انتباه	Attention	Attention
انتخاب	Selection	Sélection
انتخاب جنسي	Sexual Selection	Sélection Sexuelle
انتخاب طبيعي	Natural Selection	Sélection Naturelle
انتساب	Appurtenance	Appartenance
انتظام	Regularity	Régularité
انحدار ، ارتداد	Retro gradation	Rétrogradation
انحراف (المعنى السيكولوجي)		
انحلال، تفكك	Disintegration	Désintégration
انسانية	Humanity	Humanité
انطواء	Introversion	Introversion
انطولوجيه	Ontologism	Ontologisme
انفعال ، هوى	Passion	Passion
انفعالي	Passional	Passionnel
انفعالية	Passivity	Passivité
انكار الذات	Abnegation	Abnégation
انيس ، اجتماعي	Sociable	Sociable
او	Or	Ou
اورغانون (منطق ارسطو)	Organon	Organon
اوغسطينية	Augustinianism	Augustinisme
اوية (المدرسة الثانية بعد الكونفوشية)	Taoism	Taoisme

اية ، غرض ، نهاية	End, purpose	Fin
ايجابي ، وضعي	Positive	Positif
ايحاء غيري	Hetero- suggestion	Suggestion par Autrui
ايديولوجية المذهبية	Ideology	Idéologie
ايديولوجيون	Ideologists	Idéologistes
ايقاع	Rhythm	Rythme
ايقان ، اعتقاد	Conviction	Conviction
ايمان	Faith	Foi
اين	The where	L'Ou
ايهامي فيما يخص البرهان	Specious	Spécieux
آلي	Automatic	Automatique
أثر، المسبب، المعلول	Effect	Effet
أثير(غاز لطيف اعتقده الاغريقيون أنه عنصر الهي)	Ether	Ether
أثينية	Dualism	Dualisme
أثينية	Duality	Dualité
أخلاق تطورية	Evolutionary ethics	Ethique évolutionniste
أخلاق عقلانية	Rational Ethics	Ethique Rationnelle
أزلي، ابدي	Eternal	Eternel
أسماء منشطة للذاكرة	Mnemonics terms	Termes mnémoniques
أكبر (في المنطق)	Major	Majeur
ألم	Pain	Douleur
ألم	Pain	Peine
أنانية (الوجود العيني للذات)	Egoity	Egoité
أنتلخيا، كمال أول	Entelechy	Entéléchie
أولويات	First principles	Principes premiers

أولوية	Primacy	Primauté
أولي	Elementary	Elémentaire
أولي	Elementary primary	Primaire
أي	Any	Quelconque
إتفاق	Agreement	Convenance
إثارة	Excitement , excitation	Excitation
إثنية، علم الاجناس البشرية	Ethnology	Ethnologie
إحسان	Beneficence	Bienfaisance
إختلاف، فرقّ، الفصل(في المنطق)	Difference	Différence
إختلال، جنون	Dementia	Démence
إفراط	Excess	Excès
إفراط العضوية	Hyperorganism	Hyperorganisme
إلهية، الألوهية	Divinity	Divinité
إمتداد	Extension	Extension
إنجاز، تنفيذ	Execution	Exécution
إنطباع	Impression	Impression
إنفعال	Emotion	Emotion
إنفعالية	Emotivism	Emotivisme

ب

باطل ، كاذب	False	Faux
باطن	Immanent	Immanent
باطن	Internal interior	Intérieur et Interne
باطني	Acroamatic	Acroamatique
باطني	Internal , Inmost	Intime
باطنية	Esoterism	Esotérisme
باعث ، قابل للحركة ، حافز	Mobile	Mobile
باعث ، محرك	Motive	Motif
باعث ، محفز	Stimulus	Stimulus
بالصدفة ، مصادفة	Fortuitous	Fortuit
بالقوة	Potential	Potentiel
بتوسط	Mediated	Médial
بحث في شؤون الآخرة	Eschatology	Eschatologie
بحثي (تلاميذ بيرون المشككون)	Zetetic	Zététique
بدائي	Primitive	Primitif
بدائيون	Primitive men	Primitif
بديل	Substitute	Substitut
بديهي	Axiomatic	Axiomatique
بديهيات	Euclides' Axioms	Communes (notions)
بديهيات العيان	Axiom of intuition	Axiomes de L'intuition
بديهية	Axiom	Axiome
براهن الـلـه في اللغة السنسكريتية	Brahman	Braham
برزخ	Barrier	Barrière

275

برغماطيقي ، براجماتي	Pragmatic	Pragmatique
برغماطيقية ، برجماتية	Pragmatism	Pragmatisme
برهان	Demonstration	Démonstration
برهان بالمثل	A pari	A pari
برهان علمي	Philosopheme	Philosophème
برهان لما	Prophetic proof	Preuve propterique
بسط	Ease	Aisé
بسيط	Simple	Simple
بصر	Sight	Vue
بعث ، احياء	Revival	Réviviscence
بُعدْ	Dimension	Dimension
بعدي	A posteriori	A posteriori
بعدية	Posteriority	Postériorité
بعمامة	Generally	Généralement
بغائية	Psittacism	Psittacisme
بقاء ، ثبات	Permanence	Permanence
بقاء ، حفظ	Conservation	Conservation
بلاجية (عقدة دينية)	Pelagianism	Pélagianisme
بمعزل عن الاخلاق	Amoral	Amoral
بنية ، تركيب	Structure	Structure
بينة، شاهد	Evidence	Evidence

ت

تاثير	Influence	Influence
تاريخ	History	Histoire
تاريخي	Historical historic	Historique
تام	Complete	Complet
تامل	Contemplation	Contemplation
تامل	Meditation	Médiatation
تاملي ، نظري	Reflective	Réfléchi
تاملي ، نظري	Reflective	Réflexif
تانس	Sociability	Sociabilité
تاوية محدثة (مذهب اخلاقي في الزهد)	Neo Taoism	------
تاويل	Interpretation	Interprétation
تأملي ، نظري	Speculative	Spéculatif
تبادل ، طرد والاطراد	Reciprocity	Réciprocité
تباين ، نقيض	Contrast	Contraste
تباين، مختلف	Disparate, Disparity	Disparate
تبرير	Justification	Justification
تبعية	Subordination	Subordination
تجاهل الموضوع	Ignorance of subject	Ignorance du sujet
تجديد	Innovation	Innovation
تجربه	Expriment	Expérience
تجريبي	Empirical	Empirique
تجريبي	Experiential	Expérientiel
تجريبي	Experimental	Expérimental
تجريبية متسقة	Consistant Empirism	Empirisme consistant

تجريبية منطقية	Logical empirism	Empirisme logique
تجريبية، مذهب تجريبي	Empiricism	Empirisme
تجريد	Abstraction	Abstraction
تجريدية	Abstractionism	Abstractionisme
تجزئ	Partition	Partition
تجل (ظهور) ذات الله وصفاته	Theophany	Théophanie
تحت عبتي	Subliminal	Subliminal
تحديد	Limitation	Limitation
تحديد (في المكان)	Localization	Localisation
تحديد المراكز المخية	Cerebral localisations	Localisations cérébrales
تحذير	Anaesthesia	Anesthésie
تحركية ، التغيرية	Mobilism	Mobilisme
تحصيل حاصل	Tautology	Tautologie
تحفظ ذهني	Mental Reserve	Restriction mentale
تحقيق	Verification	Vérification
تحكمي	Arbitrary	Arbitraire (adj(.
تحليل	Analysis	Analyse
تحليل	Analytic	Analytique
تحليل في المنطق ، عزم في علم النفس	Resolution	Résolution
تحليل نفسي	Psychoanalysis	Psychanalyse
تحول	Mutation	Mutation
تحول (في التصوف)		
تحيلي نفسي	Psychoanalysis	Psychanalyser
تخاطر	Telepathy	Télépathie

تخريج (في علم النفس)	Externalization	Extériorisations
تخصيص ، تقسيم الى انواع	Specification	Spécification
تداخل القضايا في المنطق	Subaltern	Subalternation
تداعي المعاني	Association	Association
تدبر، تقدير	Deliberation	Délibération
تدليل عقلي	Reasoning	Raisonnement
ترادف	Synonymy	Synonymie
تربية	Education	Education
ترتيبي	Ordinal	Ordinale
ترجيح ، رجحان	Preponderance	Prépondérance
ترقب ، انتظار	Waiting	Attente
تركيبة منطقة	Logical constructionist	Constructionisme logique
تركيبي	Structural	Structural
تركيبي	Synthetic	Synthétique
تسامح	Tolerance	Tolérance
تسلسل ، التتالي	Succession	Succession
تسليم	Abandonment	Abandonnement
تشاؤم	Pessimism	Pessimisme
تشابه ، مشابهة	Similarity	Similitude
تشبيه ، غامض	Ambiguous	Ambigu
تشخيص	Personification	Personnification
تشكيك	Equivocation	Equivocité
تصاعد	Ascendancy	Ascendant
تصلب هستيري	Catalepsy	Catalepsie
تصور	Concept	Concept
تصور	Conception	Conception
تصور سابق	Prenotion	Prénotion

تصوف	Mysticism	Mysticism
تصوف	Sufism	Sufisme
تصويرية ، مذهب تصويري	Conceptualism	Conceptualisme
تضاد	Contrariety	Contrariété
تضاد ، مضاد	Contrary	Contraire
تضامن	Solidarity	Solidarité
تضايف	Correlation	Corrélation
تضمن	Implication	Implication
تضيف	Classification	Classification
تطبيقي	Practice	Pratique
تطرف،متطرف	Extreme	Extrême
تطور	Evolution	Evolution
تطور عكسي	Involution	Involution
تعادل، إنصاف، عدل	Equity	Equité
تعاطف ، مشاركة وجدانية	Sympathy	Sympathie
تعبير	Expression	Expression
تعداد، العَدْ	Enumeration	Enumération
تعدد الاصول	Polygenism	Polygénétisme ou (polygénisme)
تعددية ، المذهب التعددي	Pluralism	Pluralisme
تَعَرُّف	Acknowledgment , Recognizance	Reconnaissance
تعرف	Recognition	Récognition
تعريف الاشياء	Real, (definitions)	Réelles (définitions)
تعريف بالرسم (في المنطق)، أو الوصف	Description	Description
تعصب	Fanaticism	Fanaticisme
تعطل المنطق	Aphasia	Aphasie

280

تعقيد	Complication	Complication
تعليق (حكم)	Suspense	Suspension
تعليق الحكم	Ephectic	Ephectque
تعليل	Causation	Causation
تعليل ، التبرير	Motivation	Motivation
تعليل غائي ، غائية	Finality	Finalité
تعميم	Generalization	Généralisation
تعويض	Compensation	Compensation
تغير	Change	Changement
تغير	Exegesis	Exégèse
تغير	Modification	Modification
تفاؤل	Optimism	Optimisme
تفرد ، تشخص	Individualistion	Individualisation
تفريق، تفاضل	Differentiation	Différenciation
تفلسف	Philodoxy	Philodoxie
تفنيد لوضع من الاوضاع، مناقضة	Refutation	Réfutation
تقابل	Opposition	Opposition
تقدم	Progress	Progrès
تقدم ، قبلية	Anteriority	Antériorité
تقدمي ، متقدم	Progressive	Progressif
تقديم ، موضوعات المعرفة	Presentation	Présentation
تقريب	Approximation	Approximation
تقسيم العمل	Division of labour	Division du travail
تقليد ، محاكاة	Imitation	Imitation
تقمص ، تناسخ	Reincarnation	Réincarnation
تقنية ، صناعة فنية	Technique	Technique
تقولي	Pre documental	Prédicamental

تقوى	Piety	Piété
تقويم	Appreciation	Appréciation
تقية	Caution	Caution
تكافؤ	Equivalency	Equivalence
تكامل	Integration	Intégration
تكرار في الكتابة او الكلام	Battology	Battologie
تكفير، كفارة	Atonement	Expiation
تكليف	Obligation	Takilif
تكليف ، التزام	Obligation	Obligation
تكميم (تسوير الدلالات)	Quantification	Quantification
تكون	Generation	Génération
تكوين	Genesis	Genèse
تكيف (في علم النفس) توفيق	Accommodation	Accommodation
تكييف	Adaptation	Adaptation
تماثل	Symmetry	Symétrie
تماثل ، النظير	Analogy	Analogie
تمثيل	Reasoning by Analogy	Raisonnement Par Analogie
تمثيل ، عرض	Representation	Représentation
تمثيلي	Representative	Représentatif
تمييز	Discrimination	Discrimination
تمييز (عند ديكارت)	Distinct	Distinct
تمييز ، تفريق	Segregation	Ségrégation
تناظر	Correspondence	Correspondance
تناقض	Contradiction	Contradiction
تنبؤ بالحوادث قبل وقوعها	Anticipation	Anticipation
تنسيق ، تناسب	Coordination	Coordination

تنظيم ، التعيض	Organization	Organisation
تنمية الفكرة	Elaboration	Elaboration
تنويم	Hypnosis	Hypnose
توازن	Equilibrium	Equilibre
تواطؤ	Univocation	Univocation
توالي	Sequence	Séquence
توبة	Penitence	Pénitence
توتر	Tension	Tension
توجيه	Confrontation	Confrontation
توحيد	Mono theism	Mono théisme
توساوية (مذهب توما الاكويتي)	Thomism	Thomisme
توقف	Dependence	Dépendance
توهم ، خرافة	Fiction	Fiction
توهم جدة الادراك	Antimnesia	Antimnésie
تيوقراطية (الحكومة التي تطبق الشريعة الدينية بدلا من القوانين الوصفية)	Theocracy	Théocratie

ث

ثابت	Constant	Constant
ثالث المرفوع	Excluded (middle term)	Exclu (tiers)
ثروة	Wealth	Richesse
ثقافة	Culture	Culture
ثنائية (أزدواجية المبادئ المفسرة للكون)	Dyad	Dyade

ج

جاكارا (مدرسة بوذية تاخذ بنظرية اليوجا)	Yoga care	Yoga ara
جامع الكلام ، حكمة جامعة	Aphorism	Aphorisme
جاينية (ديانة هندية)	Jainism	Jainisme
جبر المنطق	Logical algebra	Algèbre delà logique
جدال، التحذلق في الجدل	Eristic	Eristique
جدل، ديالكتيك	Dialectic	Dialectique
جدلي	Polemic	Polémique
جذب	Attraction	Attraction
جذر	Root	Racine
جذري	Radical	Radical
جرم ، جريمة	Crime	Crime
جزء	Part	Parti
جزء – جزئية (قضية)	Parti -partial	Parti- partielle
جزء – كلية (قضية)	Parti- total	Parti- totale
جزئ	Molecule	Molécule
جزئي ، حد جزئي	Particular	Particulier
جزيئي	Molecular	Moléculaire
جسد	Body	Corps
جسمانية	Corporalism	Corporalisme
جسيم	Corpuscule	Corpuscule
جشطلطية	Gestaltism	Gestaltisme
جغرافية	Geography	Géographie
جكمن	Gnomic	Gnomique

285

, Gnomical		
جلال	Sublimity	Sublimité
جماعة ، دور	Circle	Cercle
جماعة فينا	Vienna Circle	Cercle de Vienne
جماعي	Collective	Collectif
جمال	Beauty	beauté
جملى	Molar	Molaire
جمهور ، جمهرة	Crowd	Foule
جمهورية	Republic	République
جميل	Beautiful	Beam
جنس	Generic	Générique
جنس	Genus	Genre
جنس ، سلالة	Race	Race
جنون	Insanity	Folie
جنون احادي	Monomania	Monomanie
جنون السرقة	Kleptomania	Cleptomanie
جنون العظمة	Megalomania	Grandeurs
جنون العظمة	Megalomania	Mégalomanie
جنيّ	Demon	Démon
جهد (إرادي)	Effort	Effort (voulu)
جهل	Ignorance	Ignorance
جواز ، الامكان	Contingency	Contingence
جودة الفهم	Good understanding	Bon entendement
جوهر	Substance	Substance
جوهرية	Substantialism	Substantialisme
جوهرية	Substantiality	Substantialité
جيولوجيا ، علم الارض	Geology	Géologie

ح

حائز المشاركة	Participable	Participable
حاجة ، افتقار	Need , want	Besoin
حادث العرض	Accident	Accident
حاصل الجمع المنطقي	Logical Addition	Addition logique
حاصل الضرب المنطقي	Logical product	Produit logique
حاصل الضرب النسبي	Relative product	Produit Relatif
حاضر	Present	Présent
حاضر ممتد	Specious present	Spécieuse présent
حال (في الفلسفة)	Mode	Mode
حب	Love	Amour
حب خالص	Pure love	Amour Par
حتمية، تحديد، تعيين	Determination	Détermination
حتمية، جبر	Determinism	Déterminisme
حجة ، دليل	Argument	Argument
حجة اخيل	Achilles Argument	Argument d'Achille
حجة السهم	Arrow Argument	Argument de la flèche
حجة المضمار او حلبة السباق	Race –Course Argument	Argument du coureur
حجة الملعب	Stadium Argument	Argument du stade
حجة بركلي	Berkley's Argument	Argument de Berkeley
حجم	Volume	Volume
حد	Term	Terme
حد اصغر	Minor term	Petit terme

حد اكبر	Major Term	Grand Terme
حد المحمول ، المحمول	Predicate	Prédicat
حد الموضوع	Subject	Sujet
حد اوسط	Middle term	Moyen terme
حد، تعريف	Definition	Définition
حدة	Acuteness	Acuite
حدس نفسي	Psychological Misery	Misère psychologique
حدسي	Empirical Intuition	Intuition Empirique
حدسية ، الوجدانية	Intuitionism	Intuitionnisme
حدود	Commandements	Commandements
حديث	Modern	Moderne
حديث، السنة الموروثة، النقل	Tradition	Tradition
حرام	Taboo	Tabou
حرف	Letter	Lettre
حركة	Movement	Mouvement
حركة الحفارين	Diggers Movement	Mouvement de Fossoyeurs
حركة جالارات	Gallarate Movement	Mouvement de Gallarate
حركي	Kinaesthetic	Kinesthésique
حركي	Kinesics	Kinésique
حرمة	Prohibition	Prohibition
حرية	Liberty	Liberté
حرية الارادة	Free will	Arbitre (libre(.
حرية الارادية ، قدرية	Free-will	Liber Arbitre
حرية اللامبالاة	Liberty of	Liberté d' Indifférence

indifference

حس باطن	Internal Sense	Sens Intérieur
حس باطني	Inner Sense	Sens Intime
حس خلقي	Moral Sense	Sens Moral
حس سليم	Good sense	Bon sens
حس ظاهر	External Sense	Sens Extérieur
حس مشترك	Common sense	Sens Commun
حساب ، علم العدد	Arithmetic	Arithmétique
حساب التفاضل والتكامل	Differential and Integral Calculus	Infinitésimal (calcul(
حساس	Sensitive	Sensitif
حساسية	Sensibility	Sensibilité
حسي ، محسوس	Sensible	Sensible
حصار جاني	Monoideism	Monoïdéisme
حصر الفكرة أي موضوع بين حواصر	Put in Pra	Parenthèses
حضور	Presence	Présence
حضورية فلسفة الادراك البديهي المباشر ، موضوعية المعرفة المباشرة	Presentations	Présentationisme
حق	Right	Droit
حق	True	Vrai
حقيقة صورية او منطقية	Formal or logical truth	Vérité formelle ou logique
حقيقة مادية	Material truth	Vérité matérielle
حقيقي ، واقعي	Real, True, Actual	Réel
حكم ، يحكم	Judgment	Jugement
حكم تقويمي	Value Judgment	Jugement de Valeur

حكم ممكن	Virtual Judgment	Jugement virtuel
حكمة	Wisdom	Sagesse
حكمة ، قاعدة	Maxim	Maxime
حكومة	Government	Gouvernement
حكومة الاغنياء	Plutocracy	Ploutocartie
حكومة كثرى	Plural (judgment(	Plural (jugement(
حكومية، استبداد الدولة	Etatism	Etatisme
حلال	Licit	Licite
حلم	Dream	Rêve
حلول	Incarnation	Incarnation
حمار بوريدان	Buridan's Ass	Ane de Buridan
حمل (عملية اثبات محمول الموضوع او نفيه منه)	Predication	Prédication
حملي	Predicative	Prédicatif
حياة	Life	Vie
حياة نفسانية	Psychism	Psychisme
حيز، مكان	Space	Espèce
حيوان	Animal	Animal
حيوانية	Animality	Animalité
حيوي	Vital	Vital

خ

خارج النقل	Extern	Externe
خارجية	Exteriority	Extériorité
خارق الطبيعة	Supernatural	Surnaturel
خاص ، مميز	Characteristic	Caractéristiques
خاص ، نوعي	Special	Spécial
خاصة (مذهب الخوارج)	Kharidjya	Kharidjya
خبرة	Experience	Expérience
خداع	Invention	Invention
خدمة	Service	Service
خرائط مستطيلة	Rectangular Charts	Cartes Rectangulaire
خرافة	Superstition	Superstition
خط بياني النفسي	Psychograph	Psychogramme
خطرة ، فكرة	Notion	Notion
خطيئة	Sin	Péché
خفي، صعب الفهم	Abstruse	Abstrus
خلاء ، خال	Vacuum	Vide
خلاق المواقف	Ethics of situation	Morale de situation
خلق	Creation	Création
خلل عقلي	Unstability of mind	Instabilité mentale
خلوة	Solitude	Solitude
خلود	Immortality	Immortalité
خلود النفس	Immortality of the soul	Immortalité de l'âme
خيال ، قوة التخيل	Imagination	Imagination
خير ، خيرات	Good (s)	Bien (s)
خير اسمي	Recollection, Highest Good	Souverain

ﺩ

داء الشك	Doubting Mania	Folie du Doute
داخلي	Efferent	Efférent
دستبطان التجريبي	Experimental Introspection	Introspection expérimentale
دعوى	Assumption	Assomption
دعوى للوجود الموضوعي	Presumption	Présomption
دقيق، مضبوط	Exact	Exact
دلائل وجود اللـه	Arguments of The Existence of God	Preuve de l' Existence de Dieu
دلالة	Signification	Signification
دليل ، برهان	Proof	Preuve
دليل طبيعي لاهوتي	Physico-theological	Preuve physico -théologique
دليل غنائي	Teleological argument	Argument téléologique
دليل كوني	Cosmological Argument	Preuve Cosmologique
دليل وجودي	Ontological Argument	Preuve Ontologique
دهم	Illusion	Illusion
دوام	Perpetuity	Perpetuité
دوام، مدة	Duration	Durée
دور ديكارتي	Cartesian	Cercle Cartésien
دور فاسد	Diallelon	Diallèle
دور محال ، دور فاسد	Vicious Circle	Cercle Vicieux
دولة	State	État

ديانة	Religion	Religion
ديصانية (نسبة الى ديصان 154 – 222م) مهدت الديصانية الى ظهور المانوية	Bardesanism	Bardesanime
ديمقراطية	Democracy	Démocratie
دين طبيعي	Natural Religion	Religion naturelle
ديناميكية النفس	Psychogenesis	Psychodynamique

ذ

ذاتي	Auto	Auto
ذاتي	Intrinsic	Intrinsèque
ذاتي	Subjective	Subjectif
ذاتي، ماهوي	Essential	Essentiel
ذاكرة	Memory	Mémorie
ذرة ، جوهر الفرد	Atom	Atome
ذرية منطقية	Logical atomism	Atomisme logique
ذكر ، تذكر	Reminiscence	Réminiscence
ذكرى	Remembrance	Souvenir
ذنب	Guilt	Couple
ذهان	Psychosis	Psychose
ذهان هذياني	Paranoia	Paranoia
ذهان هذياني مزمن	Chronic hallucination psychosis	Psychose hallucinatoire chronique
ذهول	Absent Mindedness	Absence
ذهول	Dispersion	Dispersion
ذو المفهوم	Appellative	Appellatif
ذوق	Taste	Gout
ذوق سليم	Good Sense	Bon Sens

ر

رؤية	Vision	Vision
رابطة	Copula	Couple
راجع الى الماضي	Retrospective	Rétrospectif
رأس المال	Capital	Capital
رباعية	Quadripartite	Quadripartie
رباني	Rabbin	Rabbin
ربوبية	Divinity	Divinité
رجعي	Retrograde	Rétrograde
رحمة	Mercy	Mercie
رد ، ارتداد	Regression	Régression
رد القياس	Reduction of syllogism	Réduction de Syllogisme
رد فعل	Reaction	Réaction
ردف ، نتيجة ، اللازم	Conclusion	Conclusion
رذيلة	Vice	Vice
رسم بياني للنفس	Psychological profil	Profil psychologique
رغبة	Desire	Désir
ركن	Part	Partie
رمز	Symbol	Symbole
رهان	Wager	Pari
رواقية	Stoicism	Stoïcisme
روجي	Spiritual	Spirituel
روح	Spirit	Esprit
روح العالم	World soul	Esprit du monde
روح حيواني	Animal spirt	Animal (Esprit(
روحاني	Pneumatic	Penumatique

روحاني	Psychic	Psychique
رومانسي	Romantic	Romantique
ريب	Acatalepsy	Acatalepsie

ز

زاهد	Ascetic	Ascète
زبور (كتاب)	Psalm book	Psautier
زمان	Time	Temps
زمان محلي	Local time	Temps local
زهد	Asceticism	Ascèse, ascétisme

س

سابق على المنطق	Pre logic	Prélogique
سالب	Negative	Négatif
سبب ، علة	Cause	Cause
سر	Mystery	Mystère
سرانية	Cybernetics	Cybernétique
سرمد	Sempiternity	Sempiternel
سرمدية	Eternity	Eternité
سرور	Joy	Joie
سريالية	Surrealism	Surréalisme
سعادة	Happiness	Bonheur
سعر	Price	Prix
سعيد	Happy	Heureux
سفسطة	Sophism	Sophisme
سقراطية محدثة	Neo scratism	Néo scratisme
سكون	Immobility	Immobilité
سلب العقل (في علم النفس)، الاغتراب	Alienation	Aliénation
سلسلة	Series	Série
سلطة	Authority	Autorité
سلوك	Behavior	Comportement
سلوكية ، مذهب السلوكيين	Behaviorism	Behaviorisme
سماع ، سمع	Audition	Audition
سُنة	Sunna , Orthodoxy	Orthodoxie
سهو، انصراف البال	Distraction	Distraction
سورة	Sura	Sourate
سورة حيوية	Vital Impetus	Elan Vital

298

سوفسطائي	Sophist	Sophiste
سوماتي ، بدني	Somatic	Somatique
سوي	Normal	Normal
سيادة	Sovereignty	Souveraineté
سيادة	Reign	Règne
سياسة	Politics	Politique
سياسي (رجل سياسة)	Political	Politique
سياقية	Conceptualism	Contextualisme
سير	Procession	Procession

ش

شاذ	Abnormal	Anormal
شارح	Explicative	Explicatif
شاهد	Evidence	Témoin
شبيه	Similar , like	Semblable
شجاعة	Courage	Courage
شجرة	Tree	Arbre
شجرة فورفوريوس	Tree of Porphyry	Arbre de Porphyre
شخصانية	Personalism	Personnalisme
شخصي	Person	Personne
شخصي	Personal	Personnel
شخصي	Personality	Personnalité
شدة	Intensity	Intensité
شديد	Intensive	Intensif
شذوذ (المعنى الثانوي)		
شذوذ عن المعتاد	Anomaly	Anomalie
شر	Evil	Mal
شر	Evil, bad	Maurais
شرطي	Conditional	Conditionnel
شرعية	Legality	Légalité
شرك ، تعدد الالهة	Polytheism	Polythéisme
شعبية	Populism	Populisme
شعور	Feeling Sentiment	Sentiment
شعور (في علم النفس)	Consciousness	Conscience

شك	Doubt	Doute
شك منهجي	Methodic doubt	Doute méthodique
شكل	Figure	Figure
شكل جالينوس والشكل الرابع من اشكال القياس	Galenian Figure	Figure Galénienne
شكل صورة	Form	Forme
شكية (في الفلسفة)	Aporetics	Aporétique
شمي	Olfactory	Olfactif
شهادة	Testimony	Témoignage
شهوة	Concupiscence	Concupiscence
شهية	Appetite	Appétit
شيوعية	Communism	Communisme

ص

صائبة	Sabeism	Sabéisme
صاحب الكشف	Illuminated	Illuminé
صادق	Truthful	Véridique
صادق ، حق	True, actual	Véritable
صادق ، منعقد	Valid	Valide
صب الهيولي الحية	Hylozoism	Hylozoisme
صب الهيولي الصورة - حلول	Hylemorphism	Hylémorphisme
صحو	Sobriety	Sobriété
صحوة	Euphoria	Euphorie
صدفة	Chance	Chance
صدق	Veracity, truthfulness	Véracité
صديقية ، صدق	Truthfulness	Véridicité
صرامة ، مجاهدة	Rigorism	Rigorisme
صريح	Explicit	Explicite
صفاتية ، السلف اهل السنة والجماعية	Attributers	Attributaires
صفة ، خلق	Character	Caractère
صفحة ملساء ، لوحة بيضاء	Tabular rasa	Table rase
صلاة	Prayer	Priére
صليب	Cross	Croix
صنم	Idol	Idole
صواب ، عدل ، عادل	Just, right , rightful	Juste
صورة خيال	Image	Image

302

صوري	Formal	Formel
صوري لايمكن ادراكه	Immanent transcendentalism	Transcendantalisme
صوفي	Mystic	Mystique
صوفي	Sufi	Soufi
صيرورة	Becoming	Devenir
صيغة	Formula	Formule

ض

ضبط(الحزم والاحكام)	Exactitude	Exactitude
ضد	Anti	Anti
ضرب (في القياس)	Mood	Mode
ضروب القياس	Moods of syllogism	Modes syllogistique
ضرورة ، واجب	Necessary	Nécessaire
ضعيف (في علم النفس)، اخس (في المنطق)	Weak	Faible
ضلال ، غلط	Error	Erreur
ضمني	Implicit	Implicite
ضمير	Conscience	For Intérieur
ضمير (في الاخلاق) ، وعي	Conscience	Conscience

ط

طائفة	Cast	Caste
طاعة	Obedience	Obéissance
طاقة	Energy	Energie
طاقة حركية	Kinetic Energy	Cinétique
طاقة نوعية	Specific energy	Energie spécifique
طاهر عند الصوفية ، خالص	Pure	Pur
طبقة ، صنف (في المنطق)	Class	Classe
طبيعة	Nature	Nature
طبيعي	Natural	Naturel
طرف النهاية	Predecessor	Prédecésseur
طرق البواقي	Residues (method of()	Résidus (méthode des)
طريقة ، منهج	Method	Méthode
طريقة ، منهج	Methodology	Méthodologie
طريقة الاتفاق	Method of Agreement	Méthode de concordance
طريقة الاتفاق والاختلاف	Concordance	Concordance
طريقة الاحصاء النفسي	Psycho statistics	Psycho- statistique
طريقة الاسقاط	Elimination	Elimination
طريقة البيان بالخطوط	Graphic Method	Graphiaue (méthode)
طريقة المجادلة	Polemic (method)	Polémique (Méthode)
طلب	Requisition	Réquisition
طمانينة	Quietude	Quiétude

Quiétude	**Quietude**	**طمانينة**
Ataraxie	**Ataraxia**	**طمأنينة ، سكينة**
Obliteration	**Obliteration**	**طمس جميع الصفات البشرية في صفات انوار الربوبية**
Utopianisme	**Utopianism**	**طوباوية (مثالية)**
bonté	**goodness**	**طيبة**

ظ

ظاهر	Apparence	Apparence
ظاهر ضد الباطن(الظاهري)	Exoteric	Exotérique
ظاهرة	Phenomenon	Phénomène
ظاهرة ثانوية	Epiphenomenon	Epiphénomène
ظاهري	Extrinsic, extrinsical	Exrinséque
ظاهري، خارجي	External	Extérieur; externe
ظرافة ، فكاهة	Humour	Humor
ظرف ، شرط ، حال	Condition	Condition
ظلم	Injustice	Injustice
ظلمة	Obsecurity	Obsecurité
ظواهرية ، مذهب الظواهر	Phenomenalism	Phénoménisme

ع

عادة	Habit	Habitude
عارف	Conjnitor	Connaisseur
عاطفي	Sentimental	Sentimental
عاقل ، عقلي	Rational	Rationnel
عال	High	Haut
عال، ممتاز	Eminent	Eminent
عالم	Man of learning	Savant
عالم	Universe	Univers
عالم	World	Monde
عالم المقال	Universe of discourse	Univers du discours
عام	General	Général
عامل	Factor	Facteur
عامل ، اجراء	Operator	Opérateur
عبادة	Adoration	Adoration
عبادة الفتشر	Fetichism	Fétichisme
عبادة المجتمع	Sociolatry	Sociolatrie
عبارة ، جملة	Sentence	Sentence
عبث	Vain	Vain
عبر نهائي (نظرية العدد عند كانتور)	Transfinite	Transfini
عبقري	Genius	Génie
عبودية	Slavery	Esclavage
عتبة	Threshold	Seuil
عجب ، زهو ، كبرياء	Pride	Orgueil
عدالة	Justice	Justice

عدالة المعارضة	Commutative	Commutative (justice)
عدد	Number	Nombre
عدد مثالي	Ideal Number	Idéal Nombre
عدد مركب	Complex number	Complexe (nombre)
عدم	Non - Being	Néon
عدم اتساق الفكر	Inconsistency	Inconséquence
عدم القدرة على القيام بالاعمال العادية	Apraxia	Apraxie
عدم او عدول ، الحرمان (في الحقوق) ، النقص	Privation	Privation
عدمي ، العدم	Privative	Privatif
عدمية	Nihilism	Nihilisme
عرش	Throne	Trône
عرض خاص	Proper accident	Accident propre
عرض عام	Common accident	Accident Commun
عرض مفارق	Separable accident	Accident séparable
عرضي	Accidental	Accidentel
عرف	Custom	Coutume
عرف ، اصطلاح	convention	Conversion
عزو	Imputability	Imputabilité
عصاب	Neurosis	Névrose
عضو ، الة	Organ	Organe
عضوي	Organic	Organique
عطفي	Conjunctive	Conjonctif
عظمة (في الأخلاق) مقدار(في الرياضيات)	Greatness	Grandeur
عفة ، قصد	Temperance	Tempérance

عفوي ، تلقائي	Spontaneous	Spontané
عقاب	Penalty	Peine
عقد	Contract	Contrat
عقدة (مجموعة من الافكار المترابطة، مركب)	Complex	Complexe
عقل	Understanding intellect	Intellect
عقل كسول	Lazy Reason	Raison Paresseuse
عقلانية ، المذهب العقلي	Rationalism	Rationalisme
عقلي	Demiurge	Démiurge
عقلي	Intellectual	Intellectuel
عقلي ، ذهني	Mental	Mental
عقلية	Mentality	Mentalité
عقوبة	Penalty	Pénalité
عقول بالهوية ، توحيد الذات	Identification	Identification
عقيدة	Dogma	Dogme
عكس (في المنطق)	Conversion	Conversion
عكس النقيض	Contraposition	Contraposition
عكس ونقض	Education	Eduction
علاقة	Relation	Relation
علاقة ، نسبة	Relation	Rapport
علاقة اجتماعية	Sociality	Socialité
علاقة التعدي	Transitive Relation	Relation Transitive
علاقة التماثل	Symmetrical Relation	Relation symetrique
علاقة انعكاسية	Reflexive Relation	Relation Reflexive
علاقة جائزة الانعكاس	Reflexive Relation	Relation reflexive
علاقة جائزة التعدي	Relation	Relation non transitive

310

علاقة جائزة التماثل	Non transitive Non symmetrical Relation	Relation non symetrique
علاقة لا انعكاسية	Non reflexive Relation	Relation Non reflexive
علاقة لا تماثلية	Asymmetrical Relation	Relation Asymétrique
علاقة لازمة	Intransitive Relation	Relation Intransitive
علامات موضعية	Local signs	Locaux (signes(
علة ، عقل	Reason	Raison
علة الحركة ، زخم	Moment	Moment
علم	Science	Science
علم اعلى	Superior Science	Science Supérieure
علم الاجتماع	Sociology	Sociologie
علم الاحياء	Biology	Biologie
علم الاخلاق	Ethics	Ethique
علم الادارة	Tactology	Tactologie
علم الاسباب في الطب	Etiology	Etiologie
علم الاشارات او العلامات	Semiology	Sémiologie
علم الانسان	Anthropology	Anthropologie
علم الباطن	Occultism	Occultisme
علم الباطن عن الصوفية	Esoteric	Esotérique
علم البيئة	Menology	Mésologie
علم التربية	Pedagogy	Pédagogie
علم التغيب ، تكهن	Foreknowledge	Prescience
علم التقاليد والعادات	Ethnography	Ethographie
علم التكوين	Genetics	Génétique
علم الجبر	Algebra	Algèbre
علم الجريمة	Criminology	Criminologie

علم الحركة ، كينيتيكا، النشاط الحركي	Kinematics	Cinématique
علم الرياضيات الاجتماعية	Social Mathematics	Mathématiques Sociales
علم السياسة	Political Science	Science politique
علم الشعوب	Ethnography	Ethnographie
علم الطباع	Characterology	Caractérologie
علم الطبيعة ، فلسفة طبيعية	Natural philosophy ,physics	Physique
علم الطفل	Paidology	Pédologie
علم الظواهر ، مذهب الظاهريات	Phenomenology	Phénoménologie
علم العروض	Prosody	Prosodie
علم الفراسة	Physiognomy ,physiognomics	Physiogonomie
علم الفراسة بالخط	Graphology	Graphologie
علم الكائنات الروحية	Pneumatology	Pneumatologie
علم الكلام	Scholastic theology	Théologie scolastique
علم الكون او العالم	Cosmology	Cosmologie
علم اللاهوت ، علم التوحيد	Theology	Théologie
علم اللغة	Linguistics	Linguistique
علم المعاني	Semantics	Sémantique
علم النفس	Psychology	Psychologie
علم النفس الجشطلت	Gestait psychology	Psychologie de la forme
علم النفس الجمالي	Aesthic psychology	Ethnopsychologie
علم النفس الفردي	Individual psychology	Psychologie individuelle
علم النفس الفسيولوجي	Physiological	Psy physiologique

Psychology

علم النفس الفيزيائي	Psychophysics	Psychophysique
علم النفس المرضي	Pathological psychology	Psychologie pathologique
علم النفس المرضي	Pathopsychology	Pathopsychologie
علم النفس المقارن	Comparative psychology	Psychologie
علم النفس النزوعي	Hormic psychology	Psychologie Hormique
علم النفس الوظيفي	Functional psychology	Psychologie fonctionnelle
علم الواجبات	Deontology	Déontologie
علم الوجود ، انطولوجيا	Ontology	Ontologie
علم انطباعي	Impressionistic	Science Impression stique
علم تعبير الرؤيا	Oneirology	Onerirologie
علم حضوري	Presentable Science	Science Présentable
علم ماهية	Eidetic Science	Science Eidétique
علم مسبق	Foreknowledge	Précognition
علم معياري	Normative Science	Science Normative
علم نشاة العالم	Cosmogony	Cosmogonie
علم نظري	Speculative Science	Science Spéculative
علم نقلي	Traditional Science	Science Traditionnelle
علم وظائف الاعضاء	Physiology	Physiologie
علوم العقلية	Noological Sciences	Noologiques (sciences)
علوم انسانية	Human Sciences	Science Humaines

علوم تاسيسية	Architectonics	Architectonique
علوم روحية	Moral Sciences	Science Morales
علوم مجردة	Abstract Science	Abstraites (Sciences)
علوم مقاسة	Common Notions	Notions Communes
على فعالة	Efficient Cause	Efficiente
علي ، علة	Casual	Casual
علية ، السببية	Causality	Causalité
عملي	Practical	Pratique
عملية	Process	Processus
عملية التمثيل	Assimilation	Assimilation
عموم	Generality	Généralité
عمى الالوان	Achromtopsia	Achromatopsie
عناد ، تنافر	Incompatibility	Incompatibilité
عندية	Subjectivists	Subjectivistes
عنصر، إسطقس	Element	Elément
عنصرية	Racism	Racism
عنف	Violence	Violence
عنوص ، عرفان	Gnosis	Gnose
عود المجموع الشعوري	Reintegration	Rédintégration
عيني ، ذاتي ، محسوس	Concrete	Concret

غ

غائية	Teleology	Téléologie
غامض	Obscure	Obscur
غاية في ذاته	End – in – itself	Fin en soi
غبطة ، سعادة عظمى	Blessedness	Béatitude
غرض	Purpose	Dessein
غريزة	Instinct	Instinct
غش	Treachery	Tricherie
غضب	Anger	Colère
غلط (في البرهان)	Paralogism	Paralogisme
غلط ، خطأ	Fault	Faute
غنوصية (معرفة الله بالحدس لا بالعقل)	Gnosticism	Gnosticisme
غيبة (في التصوف)	Absence	Absence
غيبة (في التصوف)	Rapture	Ravissement
غير قابل للادراك	Inconceivable	Inconcevable
غير قابل للاعادة	Irreversible	Irréversible
غير قابل للبرهنة	Undemonstrable	Indémontrable
غير قابل للفهم	Uncomprehended	In compréhensible
غير قابل للمعرفة	Incognisable	Inconnaissable
غيرية ، مذهب الإيثار (في الأخلاق)	Altruism	Altruisme

315

ف

فاشية	Fascism	Fascisme
فاضل	Virtuous	Vertueux
فاضل ، شريف	Honest	Honnête
فاعل	Active	Actif
فاعل (في الاخلاق)	Agent	Agent
فاعلية	Activism	Activisme
فاعلية ، أن يفعل	Action , activity	Action
فاعلية، فعال	Efficience , Efficiency	Efficience
فالنتينية	Valentinianism	Valentinianisme
فترة	Interval	Intervalle
فرد	Individual	Individu
فرد	Individual	Individu
فردي ، فرد	Individual	Individuel
فردية ، جزئية	Singularity	Singularité
فرصة ، ظرف ، مناسبة	Occasion	Occasion
فرض ، تقدير	Supposition	Supposition
فرضي ، شرطية	Hypothetical	Hypothétique
فرضية ، فرض	Hypothesis	Hypothèse
فرقان (عند الصوفية) عبارة عن عقيدة الاسماء والصفات على اختلاف أنواعها، أو تمييز	Distinction	Distinction
فريد ، متفرد	Unique	Unique

فريضة	Precept	Précepte
فزع مرضي	Phobia	Phobie
فساد	Corruption	Corruption
فساد، إنحلال	Degeneration	Dégénérescence
فسلفة وحدوية	Existential philosophy	Philosophie Existentielle
فسيولوجيا الحواس	Aesthophysiology	Aesthophysiologie
فصل	Disjunction	Disjonction
فصل، عزل	Dissociation	Dissociation
فضائي	Propositional	Propositionnel
فضيلة	Virtue	Vertu
فطري ، بالمولد	Innate	Inné
فطري ، خلقي	Congenital	Congénital
فطرية	Inneity, Innateness	Innéité
فطرية المعرفة	Nativism	Nativisme
فطنة	Discernment	Discernement
فعل	Act, Action	Acte
فعل ارادي	Volition	Volition
فعل محض	Pure action	Acte pur
فعل منعكس	Reflex	Réflexe
فعلي	Actual	Effectif
فقدان الادارة	Aboulia	Aboulie
فقدان الحس بالألم	Analgesia, Analgia	Analgésie
فقدان الذاكرة	Amnesia	Amnésie
فقدان القدرة على الكتابة	Agraphia	Agraphie
فقدان القدرة على تعرف الاشياء المتفق عليها مع بقاء الاحساس سليماً	Agnosia	Agnosie

فكر	Thought	Pensée
فكرة ، صورة	Idea	Idée
فكرة متسلطة	Fixed Idea	Idée fixe
فكرة مطابقة	Adequate Idea	Idée adéquate
فلانج (مجتمع صغير خيالي يعيش افراده على الشيوعية في الانتاج)	Phalange	Phalange
فلسفة	Philosophy	Philosophie
فلسفة (مذهب) الحرية	Liberalism	Libéralisme
فلسفة الاسكندرية	Alexandrinism	Alexandrinisme
فلسفة التاريخ	Philosophy of the history	Philosophie de l'histoire
فلسفة الجسيمات	Corpuscular philosophy	Philosophie corpusculaire
فلسفة الجمال، علم الجمال	Aestheticism	Esthétisme
فلسفة الحياة	Philosophy of the life	Philosophie de la vie
فلسفة الطبقيين ، عبادة الطبيعة	Naturism	Naturisme
فلسفة الطبيعة	Philosophy of nature	Philosophie de la nature
فلسفة العمل	Philosophy of the Act	Philosophie de l'Acte
فلسفة الفعل	Philosophy of action	Action (philosophie de L')
فلسفة اللامشروط	Philosophy of the unconditioned	Philosophie de l'inconditionné

فلسفة المشروط	Philosophy of the conditioned	Philosophie du conditionné
فلسفة الهوية	Philosophy of Identity	Philosophie de l'Identité
فلسفة الهوية	Philosophy of identity	Philosophie de l'identité
فلسفة اولى	First philosophy	Philosophie premier
فلسفة دائمة	Perennial philosophy	Philosophie pérenne
فلسفة شرقية	Orientalism	Orientalisme
فلسفة شعبية	Popular philosophy	Philosophie populaire
فلسفة عامة	General philosophy	Philosophie générale
فلسفة عامية	Plebeian philosophy	Philosophie plébéienne
فلسفة قبل سقراط	Presocratic philosophy	Philosophie présocratique
فلسفة كأن	As- if philosophy	Philosophie de comme-si
فلسفة مربية (تنتمي الى الغرب)	Occidental philosophy	Philosophie occidentale
فن	Art	Art
فنطاسيا	Fancy	Fantaisie
فنون منظورة	Visual Arts	Arts Visuels
فوضى	Anarchy	Anarchie
فوضى ، الابهام ، موض	Confusion	Confusion
في العبارة	On interpretation	Dé Interprétation
في ذاته	In itself	En son
في كل مكان	Ubiquity	Ubiquité
فيزيقائية	Physicialism	Physicalisme
فيزيقي	Physical	Physique

فيض، صدور	Emanation	Emanation
فيلسوف	Philosopher	Philosophe
فيلسوف تجريبي	Empirist	Empiriste

ق

قائمة الصدق	Truth- table	Table de verité
قابل	Receptive	Réceptif
قابل للتحقيق	Verifiable	Vérifiable
قابل للقلب	Reversible	Réversible
قابلية الانقسام	Divisibility	Divisibilité
قابلية الانقسام	Divisibility	Divisibilité
قابلية الايحاء	Suggestibility	Suggestibilité
قابلية التاثير	Receptivity	Réceptivité
قابلية التذكر	Memorability	Memorabilité
قابلية المعرفة	Cognoscibility	Cognoscibilité
قاطع	Precise	Précis
قاطعة (تجربة او دليل)	Crucial	Cruciale
قاعدة	Rule	Règle
قانون	Law	Loi
قانون (القانون عند الابيقوديين هو المنطق)	Canon	Canon
قانون ، شرعي	Legitimate	Légitime
قانون الاثر	Law of Effect	Loi de L'Effet
قانون الاثينية	Law of Duality	Loi de Dualité
قانون الاستفراق	Distributive law	Loi Distributive
قانون الاستنفاذ	Law of Absorption	Loi d'Absorption
قانون التبادل	Commutative law	Loi commutative
قانون التجانس	Law of homogeneity	Homogénéité (loi d('

321

قانون الترابط	Law of Association	Loi d'Association
قانون الترابط اللامنفصل	Unrepeated law of association	Inséparable (loi d 'association(
قانون التركيب	Law of composition	Principe de Composition
قانون التطبيق	Law of Application	Principe d' Application
قانون التناقض	Law of contradiction	Principe de Contradiction
قانون القياس الشرطي المتصل	Law of Hypothetic syllogism	Loi de Syllogisme
قانون الكافؤ المادي	Law of material equivalence	Loi d' Equivalence matérielle
قانون المعارضة	Commutative law	Commutative (loi(
قانون النفي المزدوج	Law of Double negation	Principe de Négation Double
قانون الهوية	Law of Identity	Principe d' Identité
قانون الوسط المزدوج	Law of Excluded Middle	Principe de Milieu (tiers) Exclu
قانون تحصيل حاصل	Law of tautology	Loi de Tautologie
قانون دي مورجان (حساب الفئات)	De Morgan's law	Principes de De Morgan
قانون عكس النقيض	Law of contraposition	Principe de contraposition
قانون فشنر	Fechner's	Fechner (loi de)
قبالة (منصب فيها خليط من الفلسفة والنصوف والسحر عند اليهود)	Cabala	Cabale; kabbale
قبح	Ugliness	Laideur
قبل	Before	Avant
قبول	Consensus	Consensus

قبول (جواب الايجاب عند الفقهاء)	Consent	Consentement
قبول ، تقبل	Reception	Réception
قبيح	Ugly	Laid
قدر	Destiny	Destin
قدر	Fate	Fatalité
قدر مسبق	Predestination	Prédestination
قدرة ممكنة	Potentiality	Potentialité
قديم	Ancient	Ancien
قرابة ، نسب	Affinity	Affinité
قرار، عزم	Decision	Décision
قريب	Next	Prochain
قرينة	Connexion	Connexion
قسر (من الخارج والداخل)	Constraint	Contrainte
قسمة	Division	Division
قسمة ثنائية	Dichotomy	Dichotomie
قصد	Intention	Intention
قضاء	Discharge	Dénouement
قضية	Proposition	Proposition
قضية اتفاقية	Occasional proposition	Proposition occasionnelle
قضية احتمالية	Problematic proposition	Proposition problématique
قضية استبعادية	Exclusion	Exclusion
قضية استبعادية	Exclusive proposition	Proposition Exclusive
قضية استثنائية	Exceptive proposition	Proposition Exceptive

323

قضية اضافة	Relational proposition	Proposition relationnelle
قضية اكثرية	Plurative proposition	Proposition plurative
قضية اولوية	Primitive Proposition	Proposition primitive
قضية برهانية	Apodictic proposition	Proposition Apodictique
قضية بسيطة	Simple proposition	Proposition Simple
قضية تبادلية	Reciprocal proposition	Proposition réciproque
قضية تحليلية	Analytical proposition	Proposition Analytique
قضية تركيبية	Synthetical proposition	Proposition synthétique
قضية تقريرية او واقعية	Assertoric proposition	Proposition Assertorique
قضية جزئية	Particular proposition	Proposition particulière
قضية جمعية	Collective proposition	Proposition collective
قضية حتمية	Certain proposition	Proposition certaine
قضية حملية	Categorical proposition	Proposition catégorique
قضية دائمة مطلقة	Absolute permanent	Proposition permanente absolue
قضية سالبة	Negative proposition	Proposition négative

قضية شخصية	Singular proposition	Proposition singulière
قضية شرطية	Hypothetical proposition	Proposition hypothétique
قضية شرطية متصلة	Conjunctive proposition	Proposition conjonctive
قضية شرطية منفصلة	Disjunctive proposition	Proposition Disjonctive
قضية صادقة	True proposition	Proposition varie
قضية صحيحة	Valid proposition	Proposition valide
قضية ضرورية	Apodictic	Apodictique
قضية عددية	Numerical proposition	Proposition numérique
قضية عدمية	Privative Proposition	Proposition privative
قضية عرفية	Conventional proposition	Proposition conventionnelle
قضية عطفية	Copulative proposition	Proposition copulative
قضية عنادية	Alternative proposition	Proposition Alternative
قضية كل جزئية	Toto- partial	Toto- partielle
قضية كل كلية في نظرية كم المحمول عند هاملتون	Toto- total	Toto -totale
قضية كلية	Universal proposition	Proposition universelle
قضية لامحدودة	Infinite proposition	Proposition infinitive

قضية متعددة الموضوع	Copulative	Copulative
قضية محصورة	Restrictive proposition	Proposition restrictive
قضية مخالفة	Paradoxical proposition	Proposition paradoxale
قضية مركبة	Compound proposition	Proposition composée
قضية مطلقة	Absolute proposition	Proposition Absolue
قضية معروضة	Lemma	Lemme
قضية مقارنة	Comparative proposition	Comparative
قضية مقارنة	Comparative proposition	Proposition comparative
قضية ممكنة	Possible proposition	Proposition possible
قضية منتشرة	Spread proposition	Proposition répandue
قضية مهملة	Indefinite proposition	Proposition Indéfinie
قضية موجبة	Affirmative Proposition	Proposition Affirmative
قضية موجهة	Modal proposition	Proposition modale
قضية واقعية او مطلقة	Assertoric	Assertorique
قضية وجودية	Existential proposition	Proposition Existentielle
قضية وقتية	Temporary proposition	Proposition temporaire
قطع	Precision	Précision
قلب	Heart	Cœur

قلق	Anguish	Angoisse
قلق	Anxiety	Anxété
قلق	Uneasiness, Rest lessness	Inquiétude
قنطرة الحمار	Asses 'bridge	Pont aux ânes
قوانين الفكر	Laws of Thought	Lois de l'esprit
قوانين الفكر	Laws of thought	Principes rationnels
قوة	Force	Force
قوة	Potency, power	Paissance
قوة	Power	Pouvoir
قوة باطنة	Intrinsic Force	Force Intrinséque
قوة باعثة	Incentive power	Puissance Incitatrice
قوة حسية	Faculty of sensation	Faculté Sensitive
قوة خارجية	Extrinsic Force	Force Extrinsèque
قوة طبيعية	Natural Force	Force Naturelle
قوة غازية	Nutritive power	Puissance Nutritive
قوة غضبية	Irascible Appetite	Appétit irscible
قوة فاعلة	Active power	Puissance Active
قوة متصورة	Reproductive Imagination	Imagination Reproductrice
قوة محركة	Moving power	Puissance Motrice
قوة مدركة	Cognitive power	Puissance cognitive
قوة منمية	Augmentative power	Puissance Augmentative
قوة نزوعية	Appetitive power	Puissance Appétitive
قوة نهائية	Vegetative power	Puissance Végétative
قورينائية او السيرنطيقا	Cyrenaics	Cyrénaïque
قول جازم	Proposition	Proposition

قومية	Nationality	Nationalité
قوي	Strong	Fort
قياس	Measurement	Mesure
قياس	Syllogism	Syllogisme
قياس استثنائي	Exceptive syllogism	Syllogisme exceptif
قياس استثنائي متصل	Hypothetical syllogism	Syllogisme hypothétique
قياس استثنائي منفصل	Disjunctive syllogism	Syllogisme disjonctif
قياس اقتراني	Conjunctive syllogism	Syllogisme conjonctif
قياس اقناعي	Persuasive syllogism	Syllogisme persuasif
قياس الخلف	Syllogism per Impossible	Syllogisme par l'absurde
قياس الظواهر النفسية	Psychometric	Psychométrie
قياس بدل	Alternative syllogism	Syllogisme Aternatif
قياس برهاني	Demonstrative syllogism	Syllogisme Démonstratif
قياس تنافر	Antisyllogism	Antisyllogisme
قياس جدلي	Dialectic syllogism	Syllogisme Dialectique
قياس حملي	Categorical Syllogism	Syllogisme catégorique
قياس خطابي	Rhetoric syllogism	Syllogisme rhétorique
قياس دور	Circular syllogism	Syllogisme en cercle
قياس سابق	Prosyllogism	Prosyllogisme
قياس سوفساطي	Sophistical syllogism	Syllogisme sophistique

قياس شرطي متصل مطلق	Pure hypothetical syllogism	Syllogisme hypothétique pur
قياس شرطي نسبي	Conditional syllogism	Syllogisme conditionnel
قياس شرعي	Deduction by Analogy	Raisonnement Par Analogie
قياس شعري	Poetic syllogism	Syllogisme poétique
قياس ضعيف	Weakened syllogism	Syllogisme faible
قياس غير كامل	Imperfect syllogism	Syllogisme Imparfait
قياس قوي	Strengthened syllogism	Syllogisme fort
قياس لاحق	Episyllogism	Episyllogisme
قياس مركب مفصول الناتج	Sorites	Sorite
قياس مركب مفصول الناتج جوكليني	Gocienian Sorites	Sorite Gociencien
قياس مساواة	Syllogism; of Equality	Syllogisme d' Egalité
قياس مصغر	Enthymeme	Enthymème
قياس مقسم	Epagoge	Syllogisme epagogique
قيمة	Value	Valeur

ك

كائن عضوي	Organism	Organisme
كارما (قانون العقل في الديانة الهندوسية)	Karma	Karma , Karman
كاف	Sufficient	Suffisant
كامل	Perfect	Parfait
كبت	Inhibition	Arrêt
كبت	Repression	Refoulement
كبح	Nolition	Nolonté
كتلة	Mass	Masse
كثرة	Multiplicity	Multiplicité
كثرة ، تعددية	Plurality	Pluralité
كذاب	Liar	Menteur
كرامة	Dignity	Dignité
كرامة إنسانية	Human Dignity	Dignité Humaine
كشف	Unveiling	Dévoilement
كشفي	Heuristic	Heuristique
كف	Inhibition	Inhibition
كفر	Infidelity	Infidélité
كل	All	Tout
كل عيني	Concrete universal	Universel concret
كلام	Speech	Parole
كلمة ، لفظ بالقوة او بالفعل	Word	Verbe
كلي	Universal	Universel
كليانية (نظرية الحزب الواحد في الحكم)	Totalitarianism	Totalitarisme

330

كلية	Universality	Universalité
كلية العالم	Pancosmism	Pancosmisme
كم ، كمى	Quantitative	Quantitatif
كم للمحمول	Quantification of the predicate	Quantification du prédicat
كمال	Perfection	Perfection
كهف (افلاطون في كتاب الجمهورية)	Cave	Caverne
كون	Cosmos	Cosmos
كوني	Cosmic	Cosmique
كيفي	Qualitative	Qualitatif
كيفيات اولى	Primary Qualities	Qualités Premières
كيفيات ثالثة	Tertiary Quality	Qualité tertiaire
كيفيات ثانية	Secondary Qualities	Qualités Secondes ou Secondarise

ل

لا اخلاقي	Immoral	Immoral
لا أورية (خرفة من السوفطائية)	The Agnostics	Les Agnostiques
لا مشروط	Unconditional	Inconditionné
لا يقبل التنسيق	Uncoordonable	Incoordonnable
لاحقة	Subsequent	Subséquent
لازم	Inherent	Inhérente
لاشخصي	Impersonal	Impersonnel
لاشيء ، العدم	Nothing	Rien
لافناء	Annihilation	Anéantissement
لاكونية (هيجل) نفي العالم	Acosmism	Acosmisme
لامبالاة ، عدم الاكتراث	Indifference	Indifferénce
لامتجانس	Heterogeneous	Hétérogène
لامتحرك ، ساكن	Immobile	Immobile
لامتناه	Infinite	Infini
لامركبة	Uncomplex	Incomplexe
لامشروط	The unconditioned	L 'Inconditionné
لامطابق	Inadequate	Inadéquat
لامعرفات ، مهملة	Indefinables	Indéfinissables
لامعقول	Absurd	Absurde
لامعقولية	Absurdity	Absurdité
لامفهوم ، لامعقول	Unintelligible	Inintelligible
لامنقسم	Undivided	Indivis

لذاته	Being for self	Pour soi
لذة	Pleasure	Plaisir
لذة ، شهوة	Pleasure	Volupté
لزومية ، اللازمة	Corollary	Corollaire
لسان	Language	Langue
لطف	Grace	Grace
لعب	Game , play	Jeu
لغة	Language	Langage
لغة عالمية	Universal language	Langue universelle
لفظي	Verbal	Verbal
لماذا	The Why	Le pourquoi
لمس	Touch	Toucher
لوازم الشخصية	Idiosyncrasy	Idiosyncrasie
لوحات بيكون	Table of bacon	Tables de bacon
لوحة ، لوح	Table	Table
لوغسطيقا ، منطق رمزي ، منطق رياضي	Logistics	Logistique
لوقين (مرسة ارسطو اسسها سنة 375 ق.م)	Lyceum	Lycée
لونفوشيه	Confucianism	Confucianisme
ليسية	Non -being	Non -Etre

333

م

مؤرخون بعديون	Meta historians	Méta historiens
مؤلف	Composite, Compound	Composé
ما بعد الاخلاق	Meta moral	Métamoral
ما بعد التجريبي	Metempirical	Metempirique
ما بعد الرياضيات	Meta mathematical	Métamathématique
ما بعد الطبيعة	Meta physics	Méta physique
ما بعد المنطق	Meta logical	Méta logique
ما بعد النفس (السيكولوجي)	Meta psychic	Méta psychique
ما تحت الشعور	Subconsciousness	Subconscience
ما قبل التاريخ	Prehistory	Préhistoire
ماء	Water	Eau
مابعد اللغة ، لغة شارحة	Meta language	Méta langue
مابعد المقولات ، ملاحق المقولات	Postpredicaments	Post-prédicaments
مابعد الهندسة	Meta geometry	Méta géométrie
ماتحت الشعوري	Subconscious	Subconscient
مادة	Matter	Matière
مادي	Material	Matériel
ماركسية	Marxism	Marxisme
مازدية	Mazdaism	Mazdaisme
مامتعلق باعضاء الحس	Sensory	Sensoriel
ماهوي (عند هوسول هو معاينة الماهية)	Eidetic Intuition	Intuition Eidétique

334

ماهية	Quiddity	Quiddité
ماهية، ذات	Essence	Essence
مايمكن تصوره	Conceivable	Concevable
مبادئ المنطقية	Logical principles	Principes logiques
مبادى الاقيسة	Syllogistics	Syllogistique
مباشر	Immediate	Immédiat
مبحث المعرفة	Gnosiology	Gnoséologie
مبدا الاقتصاد في الفروض	Parsimony (law of)	Parcimonie (loi de)
مبدا العلة الكافية	Principle Reason	Raison Suffisante
مبدا بيرس	Pierce (principle of(	Peirce (principe de(
مبدأ	Principle	Principe
مبدأ ، اصل	Principle	Principe
مبدأ الاستنفاد او الاستغراق (في التصوف علم النفس)	Absorption	Absorption
مبدأ البقاء	Permanence principle	Principe de la permanence
مبدأ السبب الكافي	Principle of sufficient	Principe de Raison suffisante
مبدأ الفردانية	Individuation	Individuation
مبدأ المجادلة	Polemics	polémique
مبدأ الهوية	Law of identity	Principe d' Identité
مبدأ حفظ الطاقة	Conservation of Energy	Conservation de l'énergie
مبدأ قانون الهوية	Law of Identity	Identité (principe d('
متبادل	Reciprocal	Réciproque
متجانس	Homogeneous	Homogène

متحكم	Prevailing	Prévalence
متداخل	Subaltern	Subalterne
متسرعة	Statute	Statut
متصل ، مستمر	continuous	Continu
متعال (عند كانت)	Transcendental	Transcendantal
متعدد المعاني	Plurivocal	Plurivoque
متعصب	Fanatical, fanatic	Fanatique
متغير (في الدالة)	Variable	Variable
متغيرات	Variations	Variations
متكهن	Seer	Visionaire
متناه	Finite	Fini
متواز	Parallel	Parallèle
متوالية	Progression	Progression
متى	The when	Le Quand
مثالية	Ideality	Idéalité
مثالية اجتماعية	Social Idealism	Idéalisme sociale
مثالية ذاتية	Subjective Idealism	Idéalisme Subjectif
مثالية شخصية	Personal Idealism	Idéalisme personnel
مثالية فسيولوجية	Physiological Idealism	Idéalisme physiologique
مثالية قطعية	Dogmatic Idealism	Idéalisme dogmatique
مثالية مطلقة	Absolute Idealism	Idéalisme Absolu
مثالية مفارقة	Transcendent Idealism	Idéalisme Transcendant
مثالية موضوعية	Objective Idealism	Idéalisme objectif
مثالية نقدية	Critical Idealism	Idéalisme critique
مثل اعلى	Ideal	Idéal
مثير، مهيج	Stimulus	Excitant

مجال الابصار الرؤية	Field of Vision	Champ Visuel
مجال الشعور	Field of Consciousness	Champ de la Conscience
مجاني	Gratuitous	Gratuit
مجتمع	Society	Société
مجتمع ، جماعة	Community	Communauté
مجرد	Abstract	Abstrait
مجسم	Solid	Solide
مجسمية مذهب من يقولون ان اللـه حقيقية ، او مذهب التشبيه	Anthropomorphism	Anthropomorphisme
مجموعة	Aggregate	Agrégat
مجموعة ، جماعة	group	Groupe
مجموعة متجانسة الافراد	Quotity	Quotité
مجهول	Unknown	Inconnu
مجوسية	Magism	Magisme
محاكات لفظية	Logomachy	Logomachie
محال ، ممتنع	Impossible	Impossible
محامون عن الدين	Apologists	Apologistes
محاولة وخطأ	Trial and Error	Essayage et Erreur
محتمل	Likely	Vraisemblable
محتمل	Probable	Probable
محدود	Restrictive	Limitatif
محرك	Mover	Moteur
محلي	Local	Local
محمول ، صفة	Attribute	Attribut
مختص ، خاصة ، خاص	Proper	Propre

337

مدخل	Propaedeutic	Propédeutique
مدرسة	School	Ecole
مدرسة اثينا	Athenian school	Ecole d'Athènes
مدرسة التشيؤ	Thingness	Choisime
مدرسة الجدال	Eristic school	Ecole Eristique
مدرسة المشترعين (تيار قانوني في الفلسفة الصينية)	Fa-chia	Fa -Chia
مدرسة ألين واليانج	Yin Yang school	Ecole de Yin Yang
مدرسة إيلية	Eleatics school	Ecole d Elée
مدرسة سان فكتور	Saint- Victor school	Ecole de Saint -Victor
مدرسة شائبة (مدرسة ارسطون اللوقيين)	Peripatetics	Péripatéticiens
مدرسة شارتر	Charters school	Ecole de Chartres
مدرسة قورنيائية (نسبة الى قورنيا حيث اسس ارستيوس تلميذ سقراط مدرسة مذهب اللذة)	Cyrenaism	Cyrénaïsme
مدرسة ملطية (مدرسة قبل سقراط)	Milesians	Milésiens
مدرسة ميغارية	Megarian school	Ecole Mégarique
مدرسي	Scholastic	Scolastique
مدريك حسي	Percept	Percept
مدلول	Import	Import
مذهب اخلاقي	Moralism	Moralisme
مذهب الادراك الحسي	Perceptionism	Perceptionnisme
مذهب الارادة	Voluntarism	Volontarisme
مذهب الارادة الاخلاقي	Ethical voluntarism	Volontarisme éthique

مذهب الارادة السيكولوجي	Psychological voluntarism	Volontarisme psychologique
مذهب الارادة اللاهوتي	Theological voluntarism	Volontarisme théologique
مذهب الارادة المطلقة	Absolute voluntarism	Volontarisme absolu
مذهب الارادة الميتافيزيقي	Metaphysical voluntarism	Volontarisme métaphysique
مذهب الاصلاحية	Meliorism	Méliorisme
مذهب الالة ، ذرائية	Instrumentalism	Instrumentalisme
مذهب الالحاد ، الحادي	Atheism	Athéisme
مذهب الالفيتين	Millenarian doctrine	Millénaire
مذهب البطون ، مذهب اصل الكون	Immanentism	Immanentisme
مذهب التحول او التطور	Transformism	Transformisme
مذهب الترابطية	Associationism	Associationnisme
مذهب التضامن	Solidarism	Solidarisme
مذهب التطور	Evolutionism	Evolutionisme
مذهب التعضي أي ان الحياة نتيجة للتكوين العضوي	Organicism	Organicisme
مذهب التعمية	Obscurantism	Obseuratisme
مذهب التناهي	Finitism	Finitisme
مذهب التواز	Parallelism	Parallèlisme
مذهب الجمال، جمالي	Aesthetics	Esthétique
مذهب الحتمية ، مذهب الجبر	Pre determinism	Prédéterminisme

مذهب الحيوية	Vitalism	Vitalisme
مذهب الخلق	Creationism	Créationnisme
مذهب الذاتتين	Subjectivism	Subjectivisme
مذهب الذرات الروحية	Monadism	Minadisme
مذهب الربوبية، التأليه	Deism	Déisme
مذهب السعادة	Eudaemonism	Eudémonisme
مذهب الشبحيين القائلين بان ماندركه ليس الا شبحا للحقيقة الواقعة	Fantasmatism	Fantasmatisme
مذهب الشك	Scapticism	Scepticisme
مذهب الضرورة	Necessitarianism	Nécessitarisme
مذهب الطاقة	Energetism	Energétisme
مذهب الطبيعة الواحدة	Monophysism	Monophysisme
مذهب الطمانينة او السكينة في الذهب الصوفي	Quietism	Quiétisme
مذهب الظواهر	Phenomenalism	Phénoménalisme
مذهب الظواهر الثانوية	Epiphenomenon	Epiphénoménalisme
مذهب العلل الافتراضية، مذهب المناسبة	Occasionalism	Occasionalisme
مذهب العلية	Principle of causality	Causalité
مذهب الغائية	Finalism	Finalisme
مذهب الفيض	Emanationism	Emanationnisme
مذهب القضاء والقدر او الجبروت عند الصوفية	Fatalism	Fatalisme
مذهب الكشف	Illumininsm	Illuminisme
مذهب اللاحتمية ، مذهب حرية الارادة في الاخلاق	Indeterminism	Indéterminisme

مذهب اللامادية	Immaterialism	Immatérialisme
مذهب اللذة	Hedonism	Hédonisme
مذهب المساواة	Egalitarianism	Egalitarisme
مذهب المنظورية (الخاص بالفيلسوف نيتشه)	Perspectivism	Perspectivisme
مذهب المنفعية المثالية	Ideal utilitarism	Utilitarisme idéal
مذهب الموضوعية	Objectivism	Objectivisme
مذهب النسبية ، نسبة المعرفة	Relational	Relationnel
مذهب اليقين، وثوقية	Dogmatism	Dogmatisme
مذهب أو كام	Occamism	Occamisme
مذهب دينامي	Dynamism	Dynamisme
مذهب ذري	Atomism	Atomisme
مذهب شكلي ، صورية	Formalism	Formalisme
مذهب طبيعي اخلاقي	Ethical Naturalism	Naturalisme Ethique
مذهب فورون (في الشك المتطرف)	Pyrrhonism	Pyrrhonisme
مذهب لا ادري	Agnosticism	Agnosticisme
مذهب نقدي ، النقد	Criticism	Criticisme
مذهبي (ايديولوجي)	Ideological	Idéologique
مرافعات	Apologetics	Apologies
مرتبة بنظام (بالمراتب)	Hierarchy	Hiérarchi
مرتجل	Improvised	Improvisé
مرض نفسي	Psychopath	Psychopathie
مرضى الضوئية	Photism	Photisme
مرضي	Pathological	Pathologique
مركزية الانسان في الكون	Anthropocentric	Anthropocentrique

مروق (المعنى الاخلاقي)	Aberration	Aberration
مريد (مصطلح صوفي)	Disciple	Disciple
مزاج	Temper	Tempérament
مزدكية	Mazdikism	Mazdikisme
مسئولية	Responsibility	Responsabilité
مسافة	Distance	Distance
مسالة ، وطلب	Question	Question
مساواة	Equality	Egalité
مساوقة ، تغير نسبي	Concomitance	Concomitance
مساوية، معادلة	Equation	Equation
مستغرق (منطق)	Distributed	Distribué
مستقبل	Future	Futur
مستقل	Independent	Indépendant
مستقل بذاته	Autonomous	Autonome
مستور ، باطني	Occult	Occulte
مسكن	Quietive	Quiétif
مسلمة ، تسليم ، افتراض متضمن	Presupposition	Présupposition
مسيرة	Conduct	Conduite
مشاركة	Participation	Participation
مشاكلة ، تشابه	Resemblance	Ressemblance
مشترك	Homonym	Homonyme
مشترك ، امور عامة	Common	Commun (s)
مشروط	Conditioned	Conditionné
مشروع	Project	Projet
مشطح (زلة لسان عند الصوفي)	Ecstasy	Ecstasie
مشكل ، ممكن	Problematic	Problématique

342

مشكلة	Problem	Problème
مصادرة	Postulate	Postulat
مصادرة على المطلوب	Obreption	Obreption
مصادفة ، اتفاق	Chance	Hasard
مصحف ، القران	Koran	Coran
مطلة (هم المعتزلة)	Negationists	Négationistes
مطلق	Absolute	Absolu
مطلق ، حملي	Categorical	Catégorique
مطلقية	Absoluteness	Absoluité
مطلقية ، فلسفة المطلق	Absolutism	Absolutisme
معاد بمعنى البعث	Reconstitution	Reconstitution
معارضة الحجة	Antilogy	Antilogie
معتوه	Imbecile	Imbécile
معتوه ، ابله	Idiot	Idiot
معجزة	Wonder	Miracle
معرفة حضورية	Presential Knowledge	Connaissance Présentielle
معضلة ، اشكاك ، شك	Aporia	Aporie
معطي	Given	Donné
معقولية	Rationality	Rationalité
معلومات، معطيات	Data	Données
معنى ، حس	Sense	Sens
معيار	Norm	Norme
مغالطة	Fallacy	Fallacia
مغالطة جميع المسائل في مسالة	Questions	Question mal posée
مفارق	Transcendent	Transcendent
مفارق ، عالٍ	Transcendent	Transcendant

مفارقة	Paradox	Paradoxe
مفتعل ، مصطنع	Factitious	Factice
مفروض ضمناً	Presuppose	Présupposé
مفهوم	Intension	Intension
مفهوم ، استيعاب	Comprehension	Compréhension = Connotation
مفهوم اصطلاحي	Connotation	Connotation
مقارن	Comparative	Comparatif
مقارنة	Comparison	Comparaison
مقال	Discourse	Discours
مقاومة	Resistance	Résistance
مقتضى ، مطلوب بالضرورة	Requisite	Réquisit
مقدم	Antecedent	Antécédent
مقدمة	Premise, premises	Prémisse
مقدمة	Prolegomena	Prolégomènes
مقدمة صغرى	Minor Premise	La Mineure
مقدمة كبرى	Major Premise	La Majeure
مقولة	Predicament	Predicament
مقولة ، قاطيغوريا	Category	Catégorie
مقوم	Constituent	Constituant
مقياس احتمالي ، اباكوجي	Abduction, Apagoge	Abduction
مكافئ	Adequate	Adéquat
مكان ، حيز	Place	Lieu
مكاني	Spatial	Spatial
مكتسب	Acquired	Acquis
ملاء	Plenum	Plein

ملائم	Agreeable	Agréable
ملازمة ، دخول	Inherence	Inhérence
ملازمة خارجية	Extrinsic Concomitance	Concomitance Extrinsèque
ملأ اعلى	Sublime Company	Compagne Sublime
ملزم ، الامر	Imperative	Impératif
ملك	Possession	Possession
ملكة ، قوة	Faculty, power	Faculté
ملكة الفهم	Understanding	Entendement
ملكوت السموات ، العالم الاكبر	Macrocosm	Macrocosme
ملكية	Property	Propriété
مماثل	Homologous	Homologue
مماثل ، نظير	Analogous	Analogue
ممكن	Virtual	Virtuel
ممكن باعتبار ما سيكون	Contingent	Contingents
من اتباع مذهب الارادة	Voluntarist	Volontariste
من جهة القبل ومن جهة البعد (اشارة الى الزمن السابق او اللاحق لحدث ما)	A parte post	A parte ante
منافسة	Competition	Concurrence
منتظم ، قاعدي	Regular	Régulier
مندائية	Mandaeism	Mandéisme
مندوبات	Loose duties	Larges (Devoirs)
منشأ ، اصل	Origin	Origine
منشطات الذاكرة	Mnemonics	Mnémonique, Mnésique
منصب	Doctrine	Doctrine

منصب الكلبين	Cynism	Cynisme
منطق	enunciation	Enonciation
منطق الالزام الخلقي	Deontic logic	Logique Deontique
منطق الجهة	Modal logic	Logique Modale
منطق العلاقات	Logic of Relations	Logique des Relations
منطق اولي	Elementary logic	Logique Elementaire
منطق حديث	Modern logic	Logique Moderne
منطق رمزي	Symbolic logic	Logique Symbolique
منطق رياضي	Mathematical logic	Logique mathématique
منطق صوري	Formal logic	Logique Formelle
منطق لوغارتمي	Algorithmic logic	Logique Algorithmique
منطق متعال	Transcendental logic	Logique Transcendantale
منطقية	Logicism	Logicisme
منطقية خلقية	Ethical logicism	Logicisme Ethique
منطقية مطلقة ، المعقولية الكلية للوجود	Panlogism	Panlogisme
منطوق	Enunciation	Enoncé
منطوق	Enunciation	Enonciation
منظم	Regulator	Régulateur
منفصل	Discontinuous	Discontinu
منفصل	Disjunctive	Disjonctif
منفعل ، قابل	Passive	Passif
منهج (بحث في علم النفس) ، ترتيب	Ordonnance (method of)	Ordonnance (méthode d')
منهج التغيرات المساومه في التجريب والاستقرار	Method of concomitant variations	Methode des variations conconitatantes
منهج علمي	Scientific Method	Méthode Scientifique

موافقة ، قبول	Consent, assent	Consentement
مواقف حاجزة	Situations – limits	Situations – limites
موت سعيد	Euthanasim	Euthanasie
موجب ، مثبت	Affirmative	Affirmatif
موجه ، ذات جهة	Modal	Modal
موجود خالص	Pure Being	Etre pur
موجود في ذاته	Being – in- itself	Etre en soi
موجود في كل مكان	Ubiquitous	Ubiquiste
موحي	Suggestive	Suggestif
مورفولوجيا علم تشكيل الكائنات الحية	Morphology	Morphologie
موزة ، استعارة	Allegory	Allégorie
موضوع	Object	Objet
موضوع	Substrate	Substrat
موضوع ، تركيب	Synthesis	Synthèse
موضوع ، دعوى	Thesis	Thèse
موضوع متخيل للجدل	Quintain	Quintaine
موضوعي	Objective	Objectif
موضوعية	Objectivity	Objectivité
موقف	Attitude	Attitude
موقف	Situation	Situation
موناد ، الذرة الروحية	Mondad	Monade
مووية (مدرسة موتزو)	Moism	Moisme
ميتافيزيقيا وصفية	Descriptive Metaphysics	Méta physique Descriptive
ميزان ، معيار	Criterion	Critérium, critère
ميل	Pent	Penchant
ميل	Tendency	Tendance

ن

نار	Fire	Feu
ناطق (الانسان) ، معقول	Reasonable	Raisonnable
ناظرة	Debate	débat
نامية	Augmentative	Augmentative
نبي	Prophet	Prophéte
نتروبيا، نغمي الطاقة	Entropy	Entropic
نحن	We	Nous
نحو	Grammar	Grammaire
نخبة، نخباء	Elites	Elites
نرعة الى المحافظة	Conservatism	Conservatisme
نزاع ، عراك	Conflict	Conflit
نزعة (النظرة) التاريخية او المذهب التاريخي	Historism	Historisme
نزعة (مذهب) كلية	Holism	Holisme
نزعة ، مذهب الفردية	Individualism	Individualisme
نزعة تلفيقية ، النزعة الى التوفيق	Syncretism	Syncrétisme
نزعة جمالية	Aestheticism	A esthétisme
نزعة لفظية	Verbalism	Verbalisme
نزوع	Conation	Conation
نسبة اخلاقية	Ethical Relativism	Relativisme éthique
نسبة المعرفة	Relativity of knowledge	Relativisme de la Connaissance
نسبة الوصفية	Descriptive Relation	relativisme Descriptif

نسبة ثقافية	Cultural Relativism	Relativisme culturel
نسبة فوق اخلاقية	Meta ethical Relativism	Relativisme Meta éthique
نسبة معيارية	Normative Relativism	Relativisme Normatif
نسبي ، اضافي	Relative	Relatif
نسبية	Relativism	Relativisme
نسق ، مذهب	System	Système
نسقي ، تنظيمي	Systematic	Systématique
نسيان	Forgetting , Oblivion	Oubli
نشوء النفس ، نشوء العقل وتطوره	Psychogenesis	Psychogénèse
نص	Text	Texte
نصل او كام	Occam's razor	Rasoir d' Occam
نطق	Pronunciation; Reason	Prononciation; Raison
نظائر التجربة	Analogies of the experience	Analogies de L'expérience
نظام ، ترتيب	Order	Ordre
نظام الحكم الجماعي	Sociocraty	Sociocratie
نظر عقلي ، تامل	Reflection	Réflexion
نظري	Discursive	Discursif
نظرية	Theory	Théorie
نظرية الاستفراق	Theory of distribution	Théorie de la distribution
نظرية الانماط	Theory of types (in logic)	Théorie des types (en logique)

نظرية الاوضاف	Descriptions theory	Théorie des descriptions
نظرية البديهيات	Axiomatic	Axiomatique
نظرية التطور	Theory of evolution	Théorie d' évolution
نظرية الخصائص	Pre formation	Préformation
نظرية الصورة ، نظرية الجشطلت	Gestaltpsychology	Théorie de la forme
نظرية الطاقة	Theory of energy	Théorie d' énergie
نظرية القيم	Axiology	Axiologie
نظرية المعرفة	Theory of knowledge	Théorie de la connaissance
نظرية المعرفة، فلسفة العلوم	Epistemology	Epistémologie
نظرية دارون	Darwinism	Darwinisme
نظرية ذرية	Atomic theory	Théorie atomique
نظرية كم المحمول	Quantification of the predicate	Théorie de la quantification du prédicat
نظرية مبرهنة	Theorem	Théorème
نظرية نسبية	Relativity theory	Théorie de la relativité
نعت	Denomination, Name	Qualification
نفس	Soul	Ame
نفس الكل	Soul of All	Âme du tout
نفس انسانية	Human Soul	Âme Humaine
نفس حساسة	Sensible Soul	Âme Sensible
نفس حساسة أو حيوانية (عند ارسطو)	Sensitive Soul	Âme Sensitive
نفس حيوانية	Animal soul	Âme animale
نفس فلكية	Celestial Soul	Âme céleste

نفس كلية	Universal Soul	Àme Universelle
نفس كلية	World Soul	Àme du mande
نفس ناطقة	Rational or pensive Soul	Àme Pensante
نفس نباتية	Vegetative Soul	Àme Végétative
نفساني	psychological	Psychologique
نفسانية الكل	Panpsychism	Panpsychisme
نفسي	Psychical	Psychique
نفسي فسيولوجي	Psychophysiology	Psychophysiologie
نفسي فيزيائي	Psychophysical	Psychophysique
نفور	Aversion	Aversion
نفي ، سالب	Negation	Négation
نقباء	Vicars	Vicaires
نقد فني	Artistic Criticism	Criticisme Artistique
نقص	Defect	Défaut
نقص المحمول	Obversion	Obversion
نقطة	Point	Point
نقلة	Transfer, transference	Transfert
نقيض	Antinomy	Antinomie
نقيض	Inversion	Inversion
نقيض الموضوع	Antithesis	Antithèse
نمط ، نموذج	Type	Type
نمو، تطور	Development	Développement
نموذج العين الثابتة (في مذهب ابن عربي)	Archetype	Archétype
نهائي ، غائي	Last	Final
نهج جمالي	Aesthetic attitude	Attitude Esthétique

نور ، ضوء	Light	Lumière
نور العقل	Natural light	Lumière naturelle
نوصية	Gnostics	Gnostiques
نوع الانواع	Species of Species	Espèce des Espèce
نوع سافل	Lower species	Espèce inférieure
نوع عال	Higher species	Espèce supérieure
نوع متوسط	Middle species	Espèce moyenne
نوعي	Specific	Spécifique
نوعية ، خصوص	Specificity	Spécificité
نومن ، الشي ذاته	Noumenon	Noumène

هـ

هاذية من هذا	Thisness	Haeccéité (Eccéité)
هامش	Marginal	Marginal
هبوط نفسي	Psycholepsy	Psycholepsie
هذا	This	Ce
هذيان	Autos copy	Autoscopie
هذيان	Delirium	Délire
هلوسة	Hallucination	Hallucination
هلوسة نفسية	Psychic Hallucination	Hallucination psychiques
هَمْ	Solicitude	Souci
هندسة	Geometry	Géométrie
هندوسية	Hinduism	Hinduisme
هو مسمى، رابطة سمي الوجود	Is	Est
هو نفسه	Himself, herself, itself	Soi – même
هوس	Mania	Manie
هوسية (افكار حنا هوس 1370 – 1415 الاصلاحية)	Hussism	Hussisme
هوهو	Identical	Identique
هوية	Identity	Identité
هيئة	Disposition	Disposition
هيجيلية (اثر هيجل في التفكير الميتافيزيقي)	Hegellanism	Hegellanisme

هيلينية	Hellenism	Hellénisme
هيولي	Hyle	Hylé

و

واجب	Duty	Devoir
واحد	One	Un
واحد	The One	L' Un
واحدية	Monism	Monisme
واحدية النشاة	Monogenesis	Monogénisme
واحدية محادية	Neutral Monism	Monisme, Neutraliste
واضح	Clear	Clair
واضح ، ظاهر	Clear, Plain	Apparent
واضح بذاته	Obvious	Obvie
واقعة	Fact	Fait
واقعي	Factual	Factuel
واقعية اشتراكية	Socialist Realism	Réalisme Socialiste
واقعية المنظورات	Perspective Realism	Réalisme perspectif
واقعية انتقائية	Selective Realism	Réalisme Sélectif
واقعية بسيطة	Naïve Realism	Réalisme naïf
واقعية تمثيلية	Representational	Réalisme Ré présentation el
واقعية ثنائية	Dualist Realism	Réalisme dualiste
واقعية طبيعية	Natural Realism	R&alisme Natural
واقعية مباشرة	Direct Realism	Réalisme direct
واقعية متعالية	Transcendental Realism	Réalisme transcendantal
واقعية متكثرة ، تعدد معايير الحقيقة	Polyrealism	Polyréalisme
واقعية محدثة	Neo -Realism	Néo -Réalisme

واقعية موضوعية	Objective Realism	Réalisme objectif
وثنية	Paganism	Paganisme
وجدان	Affection	Affection
وجداني	Affective	Affectif
وجداني	Intuitive	Intuitif
وجدانيات	Intuitive Judgments	Jugements Intuitifs
وجوب الضرورة	Necessity	Necessité
وجودي	Existential	Existentiel
وجودي ، انطولوجي	Ontological	Ontologique
وحدانية	Oneness, uniqueness	Unicité
وحدة	Unity	Unité
وحدة الشعور	Intropathy	Intropathie
وحدة الوجود ، الكل في الله	Panentheism	Panenthéisme
وحدة الوجود ، الله هو الكل	Pantheism	Panthéisme
وحي	Revelation	Révélation
وخز الضمير ، ندم	Remorse	Remords
ود ، صداقة	Amity, friendship	Amitié
وراثة	Heredity	Hérédité
وسامة (دينية)	Vocation	Vocation
وسط	Intermediary	Intermédiaire
وسط	Medium	Médium
وسط	Middle	Moyenne
وسط (صفة)	Intermediate	Médiateur
وسط ، بيئة ، محيط	Middle, Mean, Medium Environment	Mileu

وسط طب	Medicine	Médecine
وسواس	Obsession	Obsession
وسيط	Mediator	Médiateur
وسيلة ، طريق ، وسط	Means	Moyen
وصال	Union	Union
وصف ، حمل	Attribution	Attribution
وصف الظواهر النفسية	Psychography	Psychographie
وضع	Position	Position
وَضْع	Status	Statut
وضع طبيعي للجسم	Collocation	Collocation
وضعية	Positivism	Positivisme
وضعية منطقية	Logical positivism	Positivisme logique
وضوح	Vividness	Vividité
وظيفة ، دالة	Function	Fonction
وظيفي ، دالي	Functional	Fonctionnel
وعظ	Parenetic	Parénétique
وعمي جماعي	Collective consciousness	Conscience Collective
وقع الإدراك الحسي (عند كانت)	Anticipation of perception	Anticipations de la Perception
وهم التعرف الذاكري	Paramnesia	Paramnésie
وهمي	Fictive	Fictif
وهميات	Estimative Judgments	Jugements Estimatifs

ي

يؤثر	Affect	Affecter
يؤسس	To found	Fonder
يان ، حدس	Intuition	Intuition
يأس	Despair	Désespoir
يتامل	Meditate	Méditer
يتضمن	To Imply	Impliquer
يتعرف	To know again	Reconnaître
يتوسط	To mediate	Médiatiser
يتوهم انه يرى	Visualize	Visualiser
يجرب	To try	Expériencer
يخبر ، يعطي الصورة	To inform	Informer
يرتب	To order	Ordonner
يرد	To reduce	Réduire
يرد الحجة	To Resort	Rétorquer
يستغلّ	Exploit	Exploiter
يسلم بكذا	To admit, to assume	Admettre
يشرح	To explain	Expliquer
يعطي اسلوبا	Stylize	Styliser
يفكر (تفكير)	Thinking	Penser
يفهم	To Comprehend	Comprendre
يقاوم	To Resist	Résister
يقرر	To state	Statuer
يقين	Certitude	Certitude
يكمم ، يحصر	To Quantity	Quantifier
يكون	To be	Etre (v(
يم فن (نسبة الى عالم	Venn Diagram	Diagramme de Venn

المنطق الانكليزي) يم يولر (نسبة الى عالم الرياضيات السويسري ليونارد يولر)	Euler Diagram	Diagramme de Euler
يمثل	To Represent	Représenter
يمكن	To be able, may , can	Pouvoir
يمكن باعتبار ما كان	Possible	Possible
ينافر	Repugnance	Répugner
ينعت	To denominate, to Name	Qualifier
ينفعل	To be passive	Pâtir
يهودية	Judaism	Judaïsme
يوبانيشاد (تعليمات فلسفية عن كتب فيدا الهندية الاربعة)	Upanishads	Upanishads
يوجا	Yoga	Yoga
يوجد	To exist	Exister
يوطوبيا (المثالية)	Utopia	Utopie
يوم منطقية	Logic Diagrams	Diagrammes logiques
	Emanatism	Emanatisme
	Mind – Cure	
		Brahman
		Hétéronyme
		Millénariste Doctrine
		Mnémotechnie ,Mnémotechnique

Printed in the United States
By Bookmasters